Melina S. Bautista J.

San Charbel

SELECTOR ®
actualidad editorial

SELECTOR®
actualidad editorial

Doctor Erazo 120, Col. Doctores, C.P. 06720, México, D.F.
Tel. (01 55) 51 34 05 70 • Fax (01 55) 51 34 05 91
Lada sin costo: 01 800 821 72 80

Título: SAN CHARBEL
Autora: Melina S. Bautista J.
Colección: Inspiracional

Diseño de portada: Socorro Ramírez Gutiérrez

D.R. © Selector, S.A. de C.V., 2011
    Doctor Erazo 120, Col. Doctores,
    Del. Cuauhtémoc,
    C.P. 06720, México, D.F.

ISBN: 978-607-453-108-4

Primera edición: septiembre 2011

LICENCIA ECLESIÁSTICA EN TRÁMITE.

Sistema de clasificación Melvil Dewey

922
B123
2011
      Bautista, J. Melina, S.
      San Charbel / Melina S. Bautista J.–
      Ciudad de México, México: Selector, 2011.

      200 pp.

      ISBN: 978-607-453-108-4

      1. Biografías. 2. Culto público. 3. Biografías de santos.

Índice

Diócesis Maronita de México
IGLESIA CATEDRAL
NTRA. SRA. DE BALVANERA
SANTUARIO DE SAN CHÁRBEL

Prólogo

Con gran alegría acepto el compromiso de presentar este trabajo de compilación que Melina Bautista ha realizado con el afán de ampliar el conocimiento, piedad y devoción de San Charbel.

En este novedoso libro Melina nos presenta la vida de este santo, sus milagros, devociones, sacramentales, crónicas de sus celebraciones y de experiencias de sus seguidores, que inflaman el corazón de los creyentes.

Todo lo que los devotos del santo libanés desearían saber para aumentar su conocimiento y devoción, lo encontrarán en este volumen.

Personalmente, me ha impresionado el impacto y la rápida difusión de este santo en nuestro país. La gran devoción de la que goza ha permitido que lo encontremos con más frecuencia en muchas iglesias y capillas, donde su imagen impresionante y cautivadora con sus brazos abiertos hacia nosotros y el rostro mirando hacia Dios nos invita a conocerlo y trascender por su poderosa intercesión.

Melina nos muestra en su libro a un San Charbel asequible, cercano a quien lo busca, fiel amigo en la diversas situaciones de la vida, un santo consolador, confortador, mediador de la ternura y misericordia de Jesucristo, cuyo amor desbordante nos envuelve mediante su intercesión.

Esta publicación, editada por Selector, es un texto más dentro de la dinámica que ha generado la devoción de este santo maronita, pero peculiar y cautivador por la rica espiritualidad oriental cuyo sabor nos invita a disfrutar San Charbel en la práctica de sus virtudes.

Tienes en tus manos una obra que, sin duda, será un instrumento que te ayudará a orar y enriquecer tu vida cristiana.

Que el Señor bendiga el esfuerzo de Melina. Y que Jesucristo, por la intercesión de San Charbel, nos bendiga y se haga presente en el corazón de cada uno de sus devotos para gloria de Dios y para nuestro propio bien y salvación.

Pbro. Rogelio Peralta Gómez
Rector de la Catedral Maronita de México
Santuario Nacional de San Charbel de México

"Florece el justo como la palmera,
crecerá como un cedro de Líbano"

Salmo 92, 13[1]

---

[1] Véase Salmo 92, 13, en *Biblia de América*, España, La Casa de la Biblia, 1999, p. 960.

Introducción

Adoración versus devoción

En cuanto a religión, nuestro país se ha caracterizado por su alto porcentaje de católicos; sin embargo, muchos de ellos desconocen o, por desidia, no practican lo que la Iglesia Católica y Apostólica establece; podría decirse incluso que no todos pero sí muchos de sus miembros no son católicos practicantes, quizá hasta podríamos llamarlos "católicos de ocasión" como aquellos que sólo van a misa de bautizo, 3 años, xv años, bodas, o cualesquiera otra que vaya acompañada de su respectiva fiesta.

Ésta es una de las razones por las que a veces no sabemos nombrar eso que sentimos y mostramos hacia Dios, la Virgen María y los santos, aunque en el fondo estemos conscientes de que son cariños sinceros pero diferentes.

Por lo anterior es pertinente hacer una breve reflexión al respecto. Debemos diferenciar entre adoración y devoción.

La *adoración* es el acto por el cual honramos a la Santísima Trinidad, es decir: a Dios-Padre, a Dios-Hijo y a Dios-Espíritu Santo. Y únicamente a él se le rinde ese culto porque es el Ser Supremo.

Otras religiones o sectas suelen afirmar que los católicos *adoramos* a los santos, lo cual es un grave error, pues nosotros mostramos y expresamos una *devoción* hacia ellos porque se han entregado incondicionalmente, por sus virtudes, al servicio de Dios, para agradarlo a Él y no para sentirse dioses, pues eso sería caer en la idolatría. Es por esto que cada vez que nos encomendamos a un santo le pedimos que "interceda ante Dios por nosotros", nunca solicitamos que el santo o santa realice el milagro por sí mismo, ya que eso sólo reflejaría ignorancia porque nadie, por muchas virtudes que haya tenido, está por encima de Dios, y por tanto nadie a parte de Él merece que lo adoremos.

Incluso a la Virgen María, en cualquiera de sus advocaciones, le manifestamos nuestra devoción y veneración pero no adoración.

Por otro lado, algunas personas creen que si tapizan sus altares con santos y objetos religiosos y si rezan todos los días la mayor cantidad de oraciones, y rosarios y prometen sacrificios, podrán obtener con más rapidez los favores solicitados. Para mala fortuna suya esto no es así, lo que Dios prefiere, según la Santa Sede, es que los devotos de los santos conozcan y recapaciten sobre la vida ejemplar y de gran entrega a Dios que llevaron en vida —lo que hoy les permite ocupar el lugar en el que están— para que traten de imitar la enseñanza de éstos que, sin duda, han cumplido con lo que dicta la palabra de Dios.

Devoción a San Charbel en México

Es precisamente la vida de un santo la que en este libro nos interesa: San Charbel,[2] que pese a ser canonizado hasta 1977, fue desde su época de seminarista, a mediados de 1800, cuando ya se le consideraba tal por sus maestros, compañeros y demás gente que se enteraba de sus prodigios.

Los que se encargaron de dar a conocer a San Charbel en México, en la segunda mitad del siglo XIX, fueron los primeros libaneses que llegaron a nuestro país y que entre sus pertenencias traían fotos o imágenes de este santo.

Por tanto, en México —a decir del padre Rogelio Peralta Gómez—[3] hace mucho que San Charbel es conocido aunque puede decirse que se popularizó a partir de 1995, cuando el templo de Nuestra Señora de Balvanera[4]

---

[2] Al cuestionar al padre Rogelio Peralta Gómez sobre la pronunciación correcta del nombre de este santo: Charbel o Chárbel, aseguró que ambas son válidas. Por su parte, la autora considera que el primer término es la castellanización de su nombre, en tanto que el segundo se puede tomar como una variante de la pronunciación original de su nombre: "Shárbel".

[3] El padre Peralta es el párroco del Santuario de San Charbel (Catedral Maronita de México) y se le agradecen los comentarios vertidos en su interesante plática.

[4] Desde 1923 este templo fue dedicado a Nuestra Señora de Balvanera.

fue designado Catedral Maronita de México y Santuario de San Charbel, fecha en que más gente lo empezó a conocer y a seguir. "Les llamaba la atención por la paz y tranquilidad que inspira su imagen", comenta el padre Peralta. Sin duda también atrajo la atención y la curiosidad por el hábito de ermitaño que porta, pues semeja al hábito de los monjes franciscanos o de alguna de otras órdenes con las que los católicos estamos familiarizados. Poco a poco, al principio por curiosidad y después por fe, la gente se empezó a acercar a él, además de que la ubicación del templo resulta adecuada por encontrarse en el centro de la ciudad.

El padre Charbel es un santo que cuenta con muchas celebraciones. En este templo, que es el santuario nacional más importante dedicado al ermitaño, se ofician misas dedicadas a San Charbel todos los martes a las 12 del día y a las seis de la tarde. Pero las más importantes celebraciones, en estos mismos horarios, son las del primer martes de cada mes porque se oficia una misa especial de unción con aceite bendito de San Charbel y con la bendición de la reliquia del santo. La razón de celebrar estas misas en martes es porque la Iglesia Maronita conmemora ese día a los monjes, sacerdotes y ermitaños, lo cual resume lo que San Charbel fue.

Algunas personas equivocadamente creen que la Parroquia de Nuestra Señora del Líbano de la colonia Florida, en la ciudad de México, está dedicada a San Charbel por oficiarse las celebraciones con el rito maronita y estar atendida por monjes de esa orden libanesa a la que pertenece el santo; sin embargo, no es así pues aunque ahí, al igual que en otras tantas parroquias, exista una imagen o escultura de San Charbel, el santo patrono puede ser otro.

Al respecto el padre Peralta comenta que, por ejemplo, con San Judas existe una confusión parecida, pues mucha gente considera que la iglesia dedicada a él es la que se encuentra cerca del metro Hidalgo, en el centro de la ciudad de México; sin embargo, eso es un error porque ése es el Templo de San Hipólito y en él se encuentran imágenes y esculturas de distintos santos, siendo uno de ellos San Judas.

En la Catedral Maronita de México se le realiza a San Charbel la fiesta mayor; esa misa la celebra el obispo el tercer domingo de julio. Otra misa importante es la que se oficia para conmemorar su natalicio, cada 8 de mayo, en la Parroquia de San Agustín, en Polanco, por encontrarse cerca de ahí la comunidad libanesa. Ésta es la celebración que más se ha difundido en México.

Es evidente la diferencia entre los devotos de San Charbel y otros santos, San Judas Tadeo por ejemplo, respecto al tipo de gente que venera a San Charbel. "No me refiero a una diferencia de clases sociales —comenta el padre— aunque equivocadamente pudiera pensarse así. La gente que viene al centro es de todo tipo, pues vienen a hacer sus compras. Sin embargo, al ser los libaneses los que traen a San Charbel a México, de entrada consideramos que no es gente ignorante, y aunque hay pobres, porque claro que entre ellos los hay, la mayoría tiene una preparación y una enseñanza religiosa y eso se puede extender a la mayoría de los católicos que veneran a este santo; en cambio podemos considerar que en la veneración o incluso fanatismo hacia otros santos, algunos de sus seguidores ni siquiera son católicos."

Y aquí vale la pena resaltar un aspecto que nos parece interesante. Durante esta investigación nos pudimos percatar de que las personas que acuden al Santuario de San Charbel, al menos las que fueron entrevistadas, sí son católicas y devotas de este santo libanés, mas no conocen a fondo quien fue él e incluso varias personas comentaron: "Yo soy católica y no he cambiado de religión, pero san Charbel es muy milagroso y también me encomiendo a él", sin duda esto da la impresión de que algunos piensan que el milagroso santo no forma parte de la religión Católica.

Una posible explicación de esta confusión, además de la ignorancia, la encontramos en las diferencias que existen entre la manera de realizar las celebraciones con el rito romano y el maronita, pues aunque en esencia son parecidas y válidas ante la Santa Sede, en la práctica varían. Por mencionar sólo una de las principales diferencias está el hecho de que en el rito maronita las tres principales partes de la celebración de la misa: Trisagio, Consagración y Epíclesis, se emplea el arameo, la lengua de Jesucristo.

Por todo lo anterior esperamos que el contenido de esta obra sea de gran utilidad para conocer más a fondo lo que fue y es el santo ermitaño Charbel.

Vida de San Charbel, el santo ermitaño

Infancia

A 1,600 metros de altitud se encuentra el poblado más elevado del Líbano: Biqa-Kafra, mismo que se ubica a 140 kilómetros de distancia de Beirut, la capital del país, y desde el cual se pueden admirar los hermosos e imponentes cedros que caracterizan a este país.

El paisaje que rodea a este pequeño pueblo es fascinante en cualquier temporada, pues lo mismo se le puede ver en invierno cubierto totalmente de nieve que en verano encontrarlo envuelto en una enorme alfombra verde y colorida que permite observar las pintorescas casas de adobe que están en derredor de alguna de sus iglesias. Sí, sus iglesias que majestuosas se levantan en ese pueblo que siempre se ha caracterizado por su fervor religioso y su muy particular entrega y cariño a la Virgen María. Hoy en día, incluso, es muy común toparse con alguien que al tiempo que camina por las calles se concentra en rezar el rosario.

Aquí, donde la mayoría de los habitantes son gente de campo, humilde y trabajadora, un 8 de mayo de 1828 nació el quinto hijo de Antoun Makhlouf y Brigitta Choudiac. Como buenos cristianos, ellos decidieron llevar a la iglesia de Nuestra Señora a bautizar a su hijo a los ocho días de nacido, a partir de entonces ese pequeño se llamaría: Youssef (José).

El pequeño Youssef fue contagiado por la religiosidad de su familia, ya que su madre todos los días rezaba, hincada y con los brazos en cruz, al tiempo que en una olla se quemaba un poco de incienso; además de que ayunaba y diario asistiría a misa con su bebé en brazos y acompañada de sus hijos e hijas mayores.

Aunado a esto, Youssef tenía dos tíos maternos que eran monjes de la Orden Libanesa Maronita: Augustin y Daniel al Choudiac que vivían en la ermita de San Antonio de Qouzhaya y de quienes el niño recibiría gran influencia con el paso del tiempo.

Los primeros años de vida de Youssef transcurrieron en aparente tranquilidad hasta que al cumplir tres se desató una guerra en la que las tropas egipcias invadieron territorio libanés y los turcos comenzaron a engrosar sus filas para repeler a los invasores. Fue así como el padre de Youssef recibió una noche la visita de soldados turcos ordenándole que al siguiente día se presentara temprano, junto con su asno, pues se le había encomendado el servicio de llevar abastecimiento a las tropas.

Antoun trató de convencer a los soldados de que su familia, conformada por sus cinco pequeños hijos y su mujer, quedaría en el desamparo; sin embargo, los soldados se dieron la media vuelta y se retiraron.

Pasado un tiempo el padre de Youssef tomó el camino de regreso a casa, pero en el trayecto enfermó gravemente y murió. Brigitta, su mujer, esperó dos largos años durante los cuales se hizo cargo de la educación cristiana de sus hijos y de su sustento, hasta que se convenció de que sin duda había enviudado.

Transcurrido este tiempo tomó la decisión de casarse nuevamente y para ello eligió a un hombre que además de estar entregado a la iglesia, adoptó el papel de padre para sus cinco hijos: Lahhoud Ibrahim, cuya máxima aspiración era convertirse en sacerdote, lo cual consiguió con el consentimiento de su mujer que en todo momento lo apoyó hasta que fue ordenado con el nombre de Dominique.[5]

Fue así como el ambiente religioso en que crecía Youssef se volvía cada vez más envolvente pues, aunada a la fe y entrega de su madre, ahora tenía en su propia familia un sacerdote a quien solícito acudía a ayudar durante los oficios que se celebraban en la iglesia, algo que su padrastro sin duda veía con buenos ojos.

El niño comenzó a adoptar la costumbre de guardarse un poco del incienso que se quemaba durante las celebraciones en la iglesia para los momentos en que él podía alejarse a una cueva a orar.

---

[5] La Iglesia Católica Oriental autoriza a los hombres casados ordenarse sacerdotes, a diferencia de la Iglesia Católica Romana.

Además de ayudar en la iglesia, el pequeño acudía a la escuela, misma que dependía de la iglesia, y donde se enseñaba a escribir, leer, rezar y ayudar en la iglesia durante las misas. Asimismo aprendían arameo, la lengua de Jesús, pues es parte fundamental de las celebraciones de la Orden Maronita. En eso consistía todo el programa de las escuelas en aquella época.

Sin embargo, los niños de ese pueblo también eran preparados para las labores de pastoreo y como obreros. Y Youssef se sentía afortunado al poder ayudar a su familia con el trabajo que le correspondía, además de que cada día, al sacar a pastar a sus animales, era una oportunidad de agradecer a Dios al ver los paisajes que tenía ante sus ojos, algo que para él era de una belleza infinita.

Eran esos momentos los que Youssef aprovechaba para meterse en una gruta que hacía tiempo había encontrado y en la que cada día acostumbraba rezar frente a una pequeña imagen de la Virgen María y quemar el incienso que tomaba de la iglesia. Ahí se sentía seguro y entregado a Dios y a la Virgen, ya que se encontraba lejos de las miradas y comentarios burlones de los otros chicos que lo llamaban "el Santo" al notar su fe desbordada. Otras veces solía meditar en una roca que le servía de mirador.[6]

Durante todo ese tiempo Youssef siguió frecuentando a sus tíos monjes en el monasterio Saint Antoine de Quzhaya, el cual se encontraba alejado de Biqa-Kafra por el camino que cruza un lugar llamado Valle Santo, distancia que sin duda era larga para un niño como Youssef pero que él recorría con gran placer al saber que al otro extremo del camino compartiría las palabras y el ejemplo monacal caracterizado por la obediencia, la pobreza y la castidad con la que sus tíos vivían entregados a Dios.

Juventud

Cuando estuvo a punto de cumplir los 16 años de edad, Youssef se enteró de que sus tíos habían recibido la autorización de retirarse a cumplir con una vida de silencio mundano, pero de comunicación y entrega total a Dios, con lo cual se les permitió vivir en la ermita de Mar Boula (San Pablo).

---

[6] Tiempo después estos lugares fueron llamados: "la gruta del santo" y "la roca del santo", respectivamente, en honor a San Charbel.

La gran influencia que estos monjes ejercieron sobre su sobrino se evidencia en las palabras y consejos que le daban: "Cualquiera que quiera encontrar al Señor, vivir en su profunda intimidad, debe romper con las vanidades del mundo y recogerse en sí mismo… Sin duda, hijo, los que hacen esto pueden ser tratados de locos por los sabios según el mundo, ¡pero San Pablo nos enseña que la locura según los hombres es sabiduría según Dios!"[7]

Uno de sus grandes placeres es ayunar y asistir a misa, cuyo momento más anhelado es la consagración de la hostia. Y es entonces cuando el adolescente Youssef comienza a escuchar una voz interior que le dice: "¡Deja todo y sigue a Dios!"

En agosto de 1848, mientras se celebraba la fiesta de la Asunción, una de las más importantes realizadas en Biqa-Kafra en honor a la Virgen, se llevó a cabo un casamiento y prácticamente todo el pueblo acudió a felicitar a los recién casados. La joven preguntó a Youssef que cuándo se decidiría él a casarse, éste se limi-

---

[7] José Bustani, *Charbel. Taumaturgo del Líbano, 1828-1898*, México, Diócesis Maronita de México, 2009, p. 58.

tó a no responder; para entonces poco le faltaba para cumplir 20 años y se había convertido en un atractivo hombre.

Mariam, una de sus compañeras de escuela desde su infancia, no ocultaba el interés que sentía por el joven, pero él sólo tenía un propósito: dedicarse en cuerpo y alma a Dios.

Tiempo después, mientras cuidaba a su rebaño de cabras, una se perdió y Youssef angustiado se dedicó a buscarla. "Dios mío, ¿dónde se habrá metido?", pensó.

Al introducirse en el bosque de imponentes cedros, el joven se quedó maravillado ante la belleza del paisaje y ahí, entre los árboles, divisó un tronco que se había convertido en capilla. Y de nuevo escuchó esa voz que le decía: "¡Ven, deja todo! ¡Sígueme!"

Fue entonces cuando Youssef ya no tuvo dudas sobre el camino que debía seguir, pues escuchaba cada vez con mayor claridad el llamado de Dios, ése que tantas veces había esperado. Sin dudar más el joven Makhlouf tomó la decisión más importante de su vida: dedicarse a Dios por medio de la vida monacal.

Llamado de Dios

Una día de 1851 Youssef abandonó la casa de su madre sin avisar a nadie, era tan de mañana que ninguno de sus familiares se percató de la partida. Él sabía que al informar sus propósitos tal vez tratarían de convencerlo de desistir, empezando por su tío Tanios a quien ayudaba en las labores y que consideraba que su sobrino era más útil trabajando para su familia que enclaustrándose en el monasterio.

Sin dejar de pensar en la pena que causaría a su madre —pues a pesar de ser tan devota no sería fácil para ella aceptar que su hijo se entregara en cuerpo y alma a Dios— se sintió alentado y aliviado por su único objetivo: SER UN SIERVO DE DIOS, y mientras meditaba le parecía escuchar las palabras de sus tíos ermitaños sobre la satisfacción que sentían al haber renunciado a la vida mundana para estar más cerca de Dios.

El destino que se había trazado era uno de los monasterios más importantes de la Orden Libanesa Maronita: Nuestra Señora de Mayfouq. El camino fue largo y cansado a pesar de que no llevaba consigo equipaje salvo lo que tenía puesto, pues hasta en eso trató de imitar a Jesús, para ello basta recordar que cuando mandó a sus discípulos a predicar por diferentes ciudades les dijo que no llevaran más que la ropa que vestían y las sandalias que calzaban.

Youssef llegó al monasterio hambriento y sediento y, tras refrescarse en la fuente que ahí se encontraba, fue conducido con el superior, quien al cuestionarlo sobre su presencia en ese lugar, respondió con humildad: "La gloria de Dios y la salvación de mi alma."[8]

El superior le hizo ver que la vida monacal no era sencilla, que se renunciaba al mundo exterior, se cambiaban las comodidades por la austeridad y que debían cumplir con tres principios inquebrantables: pobreza, castidad y obediencia. Youssef sabía por sus tíos ermitaños que la vida dentro del monasterio era una cruz difícil de llevar, pero era el camino que llevaba hasta Dios y respondió sinceramente al superior que nada anhelaba más que seguir a Dios; de esta manera aceptaba esa vida que metafóricamente implicaba una crucifixión, y eso hacía sentir al joven más cerca de Dios.

---

[8] Ibid., p. 72.

En ese momento Youssef fue aceptado como postulante, era la etapa de prueba en la que no sólo los monjes observaban a los recién llegados para determinar si eran o no aptos para ese tipo de vida, era el periodo en que el mismo aspirante a novicio convivía con el resto de la comunidad, obedeciendo sus reglas y a sus superiores y participando en las actividades que realizaban.

Youssef desde el principio fue obediente y solícito ante lo que le pedía el superior y demás monjes, pues sentía que en cada uno de ellos se encontraba Cristo y que en realidad era a éste a quien servía.

La vida monástica de Charbel

Al cumplirse los ocho días del periodo de prueba del postulante Youssef, fue aceptado como novicio y le fue entregado su hábito. Cuando alguien entraba al noviciado y no tenía un nombre que correspondía al de un santo, elegía alguno. En el caso de Youssef, que significa José, no era necesario cambiarlo; sin embargo, el joven decidió romper con todo aquello que lo uniera con la vida terrenal de la que a partir de entonces se quería desligar por haber aspectos que lo ataban, como el cariño y recuerdo a su madre y al resto de su familia y amigos; él sentía que ofrecía a Dios un enorme sacrificio al desprenderse de los buenos recuerdos y de su vida anterior, por todo esto fue que decidió cambiar su nombre por el de Charbel, quien fue un mártir de la Iglesia de Antioquía en el siglo II.[9]

Pocos días después, llegan al monasterio de Nuestra Señora de Mayfouq la madre de Youssef y su tío Tanios, a quien ayudaba en las labores del campo. El tío, enfurecido, pide a su sobrino que reconsidere su postura, pues como monje no podrá estar al pendiente de su madre y mucho menos de su sustento, le dice incluso que eso sí que le daría más gusto a Dios, ya que ellos son pobres. Brigitta, resignada, dice a su hijo que ahora que ella es vieja le habría tranquilizado saber que su hijo vería por su bienestar, pero que comprende el llamado que Dios le hace y sólo espera que él se convierta en santo. Ésa sería la última vez que el joven vería a su madre.

---

[9] La Iglesia romana lo menciona el 29 de enero y la maronita el 5 de septiembre.

A partir de entonces comienza el periodo del noviciado que estaba conformado por dos años de dura preparación. Charbel se esfuerza desde el principio por imitar la vida silenciosa de los monjes y con gran alegría está siempre dispuesto a obedecer a todos. Las obligaciones de los novicios al interior del monasterio son diversas y nada sencillas: realizar trabajos domésticos como lavar ropa, coser las sotanas, elaborar pan, entre otras. Junto con los monjes debían participar en las celebraciones y demás actividades litúrgicas: "cantar el oficio siete veces por día, levantarse a medianoche para las 'nocturnas'".[10] Todo esto muchas veces iba acompañado de tratos duros por parte de los superiores, pero esto se debía a que tenían que poner a prueba en todos los sentidos a los novicios, con lo cual se aseguraban de que sólo los que tenían vocación se quedaran.

Cumplido el primer año Charbel fue enviado al convento de San Marón de Annaya, ubicado a dos horas de distancia, para terminar su preparación y obtener los votos. Al recorrer el camino hacia su nuevo desti-

---

[10] José Bustani, *op. cit.*, p. 76.

no, Charbel pasa por diversos paisajes de prados, colinas y robles que considera hermosas por ser obra de Dios. En una de las montañas descubre el convento de Annaya y observa una de las colinas más altas de la enorme cadena de montes del Líbano, una que está a 1,300 metros de altitud y en la cual se encuentra la ermita que él habitará posteriormente.

La preparación que recibió Charbel en el monasterio de Annaya tenía similitudes con la forma en que se desarrolló en Mayfouq, sólo que ahí la exigencia por parte de los superiores era mayor. Él se esforzaba por hacer más de lo que le encomendaban, muchas veces se apresuraba a terminar sus deberes para ayudar a sus compañeros. En cuanto a la obediencia también la desempeñaba de manera rápida y sin cuestionar a nadie.

El silencio le parecía un poco más difícil de practicar dado que vivía en comunidad, pero desde su llegada ahí se limitó a responder brevemente cuando se le preguntaba algo; es más, cuando se le reprendía por algo de lo que no era responsable ni siquiera se atrevía a justificarse y asumía el regaño respondiendo: "Perdóneme por Cristo".

Al cumplirse el segundo año de preparación como novicio, Charbel había aprendido y cumplido con lo que estipulaba la vida dentro del monasterio y las reglas que se debían obedecer.

La decisión de aceptar a un nuevo monje era un acto solemne por parte de los monjes profesos, encabezado por el padre superior que en Annaya era Antoine el-Bani. Este acto se realizaba después de comer y una vez que los novicios se retiraban. Posteriormente el padre superior pedía a los monjes que votaran en secreto sobre la admisión a la comunidad monacal de un nuevo miembro, para lo cual debían analizar si consideraban que estaba preparado y tenía vocación para ello. El voto se hacía colocando en una de las gorras de los novicios llamada "chali", una semilla de trigo en caso de aprobar o de cebada si no estaban de acuerdo.

Cuando llegó el momento de votar sobre el porvenir de Charbel, los monjes sólo depositaron semillas de trigo con lo cual aprobaron su ingreso como monje, ellos consideraban heroico el comportamiento de Charbel como novicio.

Cuando tomó los votos aquél que a partir de entonces sería el hermano Charbel, tenía 25 años de edad y recibía de manos del superior el hábito de monje.

Ese mismo año Charbel recibió la visita de su madre en el monasterio.[11] Él la saludó a través de una enorme ventana que no permitía que se vieran ni mucho menos que tuvieran algún tipo de contacto físico, tan sólo podían hablar.

—¿Me niegas el gusto de verte y abrazarte, hijo? —sollozó Brigitta, su madre.

—Si Dios quiere nos reencontraremos en el cielo —dijo el hermano Charbel.

Ante esa respuesta tan lacónica la mujer se resignó y se retiró; después de todo comprendía que era el camino que Dios había escogido para su hijo.

El sacerdocio

Poco tiempo después Charbel fue informado por el padre superior de que una vez terminado el noviciado

---

[11] Una de las reglas que rigen la vida monástica es la abstención del contacto con las mujeres, no se permite a los monjes ni hablar ni recibir visitas de ellas en el monasterio ni durante los servicios que les eran solicitados fuera de ese lugar.

debía continuar preparándose para el siguiente paso: convertirse en sacerdote. Por esta razón es enviado al monasterio de San Cyprien de Kfifan. Para llegar a su nuevo destino —al que se dirigía acompañado de un compañero según las reglas— caminó por largo tiempo hasta cruzar por Mayfouq, el sitio donde inició su noviciado. Sin embargo, el lugar que buscaba aún estaba a una hora de distancia.

Finalmente llegaron los dos monjes ante el superior de San Cyprien, el padre Nehmetallah l-Hardini,[12] quien recibió la carta que los jóvenes portaban y en la que se explicaba el porqué de su presencia. El padre Hardini fue considerado desde su época un santo maestro por la entrega y cariño que mostraba hacia Jesús por medio de su conducta y obediencia como monje y por la devoción que sentía hacia la Virgen María y la Inmaculada Concepción. Ese cariño y respeto hacia la Virgen guarda un lugar importante en la Orden Libanesa Maronita, de aquí que a partir de entonces Charbel empiece a rezar el rosario todos los

---

[12] El 16 de mayo de 2004 fue canonizado por el papa Juan Pablo II. Su mayor virtud fue predicar con el ejemplo.

días, después de todo la Virgen ya ocupaba un lugar especial en su corazón desde que su madre se lo inculcara y trasmitiera en su natal Biqa-Kafra.

Durante su estancia en este monasterio Charbel comentó al padre Hardini que se sentía feliz porque tras haber sido un simple campesino ahora estuviera preparándose para ser sacerdote, éste le respondió que el sacerdocio era el camino para convertirse en un cristo, ya que implicaba sacrificio y por medio de la vida eremítica se vivía el calvario.

Fue en este lugar donde Charbel tuvo acceso a diversos libros e información escrita por los padres de la Iglesia que reafirmaron su vocación; se adentró en el exhaustivo estudio de las Sagradas Escrituras y tuvo contacto tanto con materiales que aún eran manuscritos como con impresos.[13]

En 1858 a Charbel le tocó presenciar la muerte de su santo maestro, cuya vida fue de total comunión con Dios, predicó con el ejemplo la vida monástica

---

[13] La Orden Libanesa Maronita se caracteriza por entrega al estudio religioso y fue la que desde 1610 introdujo la imprenta en Oriente, lo cual le permitió llevar a cabo la divulgación de las obras.

e inculcó el estudio y el sacrificio entre los miembros de su comunidad.

El 23 de julio de 1859 cuando tenía 31 años Charbel, junto con otros compañeros, fue ordenado sacerdote por el patriarca Paul Massad en Bkerke.

Al poco tiempo el nuevo sacerdote fue enviado de regreso al monasterio de Annaya, donde pasaría 16 años más antes de permitírsele vivir como ermitaño.

En Annaya Charbel se reencontró con su anciana madre y con varios miembros de su familia y amigos, todos se dieron cita ahí para recibirlo y felicitarlo por su ordenación como sacerdote. Tras darle diversas muestras de cariño, uno de los que ahí se encontraban le pidió al padre Charbel que oficiara su primer misa en su pueblo natal: Biqa-Kafra.

Sin embargo, pese a que es una tradición que, mediante una autorización especial, el nuevo sacerdote oficie su primera misa en su pueblo natal, el padre Charbel se rehusó amablemente dejando sorprendidos a los presentes quienes esperaban que diera esa satisfacción a su madre, quien había asistido con grandes esfuerzos a ver a su hijo con el único deseo de recibir su bendición. Él ya había convertido su vida y sus acciones en un sacrificio constante, y sabía que muchas veces los miembros de su comunidad tras haber vuelto a sus lugares de origen debían empezar en el monasterio su preparación como monjes.

Y es justo toda esta obediencia a las reglas que rigen la orden que lo cobija lo que le permitió desempeñar esa vida de santo que con sacrificio y alegría llevaba, esas reglas que se resumen en obediencia, castidad y pobreza.

En cuanto a la obediencia, no sólo la guardaba respecto a sus superiores sino también a sus hermanos e incluso a todo aquél que le solicitara algo. Junto con la obediencia practicaba el silencio, pues nunca hablaba de no ser necesario y por lo regular lo hacía sólo y lacónicamente cuando se le preguntaba algo; para Charbel el silencio interno y externo es el que permite una mejor comunicación con Dios, pues de esa manera no existen los distractores, por ello es que posteriormente tendría como objetivo retirarse a vivir en el silencio y la soledad de una ermita. Se dice que en una ocasión el padre Charbel ayudaba a los monjes a labrar la tierra, ya era tarde cuando el superior observó a aquél que apenas se distinguía en un rincón, al preguntarle si ya había comido, Charbel respondió que no porque nadie lo había llamado. Al no avisárse-le que podía ir a comer él siguió, sin quejarse, labrando a pesar del ayuno de varias horas que llevaba, pues acostumbraba comer sólo una vez al día.

En otra ocasión, en que los monjes atizaban el fuego en un horno de cal, uno de ellos decidió hacer una broma al padre Charbel.

—Como ya no hay nada más para avivar la lumbre hemos decidido arrojarlo a usted.

—Sólo pido que Dios me dé fuerzas para resistirlo —respondió el padre.

Ante la sorpresiva respuesta el monje se avergonzó y suplicó al padre Charbel que lo perdonara, a lo que éste contestó: "Dios perdona a todos".

La castidad la cumplió al convertirse en un siervo de Dios, el mejor ejemplo lo mostró al rehusarse a tener contacto incluso con su propia madre aquella ocasión en que acudió a visitarlo al monasterio. Si no se permitió la cercanía con ella menos la tuvo con otras mujeres. Cuando era necesario acudir a atender a algún enfermo, solicitaba que ellas se mantuvieran aparte.

El padre Charbel, a partir de que inició su vida religiosa, no volvió a dirigir la mirada a ninguna cara, esa era la razón por la que usaba el capuchón a la altura de los ojos.

Sobre la manera de cumplir con el voto de pobreza tampoco hubo limitaciones. Charbel humildemente la asumió; cuando le era permitido escoger el hábito, se quedaba con el que nadie quería, y además era el mismo que usaba tanto en época de calor como en invierno pese a las bajas temperaturas que solían experimentarse a la altura a la que se encuentra el monasterio de Annaya, 1,300 metros. Respecto a la comida, se reservaba los panes duros o quemados y la verdura y fruta menos apetecible; de la carne mejor ni hablar, pues desde su entrada al monasterio no la había vuelto a probar.

Todo esto lo fue encaminando hacia la santidad, pues su comportamiento era sublime tanto en las labores domésticas que se desempeñaban en el monasterio como en las religiosas. El padre Charbel podía estar hasta cinco horas hincado rezando o meditando. Una de las reglas dentro del monasterio era acudir a la capilla a medianoche para cantar el oficio, después todos podían regresar a descansar; sin embargo,

Charbel permanecía en la capilla hasta el amanecer y se incorporaba a sus actividades, por lo que hasta sus horas de sueño sacrificaba.

Otra de las funciones que debían cumplir los miembros del monasterio, además de seguir las reglas de enclaustramiento, era realizar el apostolado y por tanto trabajar en la evangelización de la gente de los pueblos aledaños. Y el padre Charbel solía trasmitir tanta paz y enseñanza espiritual con sus palabras que tanto sus compañeros del monasterio como la gente de fuera acudían a confesarse con él. Los enfermos también pedían que Charbel acudiera a su presencia para darles tranquilidad y muchas veces también les llevaba la salud del cuerpo a la par de la del alma.

Cuando las personas veían por el camino al padre corrían a besarle la mano y a tocarle los hábitos, pues estaban convencidos de que era un santo. Y efectivamente, Charbel obró milagros también en vida.

En una ocasión llegó al monasterio un enviado de Rachid Beik el-Khoury, prefecto de Ehmej, un hombre sumamente rico. El hombre pidió al padre Charbel que lo acompañara al palacio de quienes lo habían enviado pues tenían a su hijo Nagib Beik enfermo de tifo y los médicos consideraban que no se salvaría. La madre de éste aseguraba que si el padre acudía ante su hijo, éste recuperaría la salud. Cuando Charbel estuvo frente al enfermo pidió que le llevaran agua, la bendijo y con ella hizo que el enfermo despertara. Lo primero que éste dijo fue: "Padre Charbel", y con ello quedó totalmente recuperado.[14]

Charbel, el santo ermitano

Transcurrieron 16 años de vida monacal durante los cuales se fue acentuando en el padre Charbel la necesidad de convertirse en ermitaño.[15] Ansiaba esa vida

---

[14] Posteriormente Nagib Beik el-Khoury sería uno de los reconocidos médicos que tratarían de encontrar una explicación y dar soluciones ante el líquido que transpiraría el cuerpo del padre Charbel tras su muerte.

[15] Aunque en la actualidad en Occidente ya no es tan común escuchar de la existencia de ermitaños, no es imposible encontrarlos. En Oriente es un poco más frecuente saber de ellos, pues al menos en la Orden Libanesa Maronita se considera que el aspirar a ermitaño es un estilo de vida sublime en el que se aspira a llevar una vida en silencio, sacrificando la convivencia con los hermanos del monasterio para dedicarse tan sólo a comunicarse con Dios por medio de la oración. Muchos, por ignorancia, suelen considerar al ermitaño un ser egoísta que se desliga de las obligaciones que se tienen al interior de los monasterios, pero en realidad quien tiene esta vocación se sacrifica renunciando al mundo terrenal y a cualquier contacto humano para experimentar la profunda soledad espiritual que tan sólo lo mantendrá en comunión con Dios.

de la que sus dos tíos monjes disfrutaban y que tanto influyeron en su vocación.

Ahí, en el monasterio de Annaya, Charbel tenía contacto con el ermitaño Elichah Hardini —hermano de quien fuera su santo maestro en el monasterio de Kfifan—, quien solía hablarle y aconsejarle como lo hacían sus tíos ermitaños: "Hay que dejar todo para seguir a Dios". Palabras que no hacían sino avivar la llama espiritual que motivaba al humilde y entregado padre a convertirse en ermitaño.

Charbel sabía que eran cuatro los requisitos que debía cumplir para vivir en la soledad de una ermita:

1. Haber obtenido los votos religiosos dentro de alguna de las órdenes reconocidas por la Iglesia Católica, en otras palabras, debía ser un monje profeso.
2. Contar con al menos cinco años vividos en una comunidad monástica.
3. Realizar la solicitud ante el Superior General para vivir en una ermita y obtener su autorización.
4. Considerar digno al solicitante al reconocérsele la vocación y entrega a la vida contemplativa en

la soledad de una ermita por parte de su superior inmediato, su director espiritual y el Superior General de la Orden.[16]

Respecto a los dos primeros requisitos, Charbel los cumplía en demasía, ya que tenía 22 años siendo monje profeso y desempeñándose digna y extraordinariamente según las reglas que la Orden Libanesa Maronita imponía. Por tanto, ahora debía solicitar la autorización del superior del monasterio, lo cual implicaba una enorme responsabilidad para éste que debía juzgar de manera pertinente si el solicitante merecía el privilegio de ser ermitaño.

Para entonces, el 13 de febrero de 1875, se suscitó la muerte del padre Eliseo que vivía en la ermita de San Pedro y San Pablo; Charbel consideró prudente la ocasión para solicitar al superior se le permitiera retirarse a vivir en ese lugar que ahora permanecía vacío.

Consciente de la responsabilidad que implica su decisión el superior prefiere evadir una respuesta al

---

[16] Alberto P. Meouchi, *San Charbel. Ruega por nosotros. Vida, novena, oraciones y devociones*, Obra Nacional de la Buena Prensa, A.C., México, 2010, p. 21.

padre Charbel, encomendándole a cambio un trabajo especial.

—Necesito que me haga un reporte sobre esto —dijo al tiempo que le entregaba varias hojas—. Si es preciso que trabaje durante la noche, hágalo.

Charbel no insistió en su petición y con humildad y obediencia se retiró a cumplir con lo que se le solicitaba. Al percatarse de que su lámpara se había quedado sin aceite y que requeriría luz para elaborar el reporte se dirigió a la cocina, donde se encontraban dos sirvientes.

—¿Podrían llenar mi lámpara con aceite?, trabajaré gran parte de la noche —dijo el padre.

—Deje la lámpara y en un momento se la llevaremos a su celda —respondió uno de los sirvientes.

En cuanto Charbel se retiró, el sirviente comentó a su compañero su propósito de hacer una broma al padre.

—Llenaré la lámpara con agua en vez de aceite y nos divertiremos cuando el padre intente prenderla.

Aunque su compañero en un principio se negó a hacer la jugarreta, terminó aceptando, después de todo se trataba una inocente broma.

Tras poner agua en la lámpara fueron a la celda del padre Charbel y se la entregaron. Éste les agradeció y cerró la puerta disponiéndose a trabajar. Los dos sirvientes se colocaron justo detrás de la puerta esperando la reacción del padre y quedaron estupefactos al ver que por debajo de la puerta se reflejaba la luz que irradiaba la lámpara recién prendida.

Ante tal suceso corrieron sorprendidos a buscar al padre superior.

—Padre, hemos querido jugarle una mala pasada al padre Charbel —confesaron avergonzados los sirvientes—. Llenamos su lámpara de aceite con agua.

—A estas horas no deberían molestarme con esas cosas —respondió molesto el superior—. Mañana se disculparán con el padre Charbel.

—Lo hemos venido a ver porque a pesar del agua la lámpara del padre ilumina ahora mismo su celda.

Ante lo confesado por los dos hombres el superior se dirigió a la celda de Charbel para comprobar lo que le habían contado.

—Padre Charbel, no son horas de tener luz en su celda, sabe muy bien que hasta en las horas de sueño hay que obedecer las reglas de la Orden —comentó el superior a pesar de que él mismo le había autorizado al monje velar de ser necesario.

Charbel, quien nunca discutía a pesar de que se le llamara injustamente la atención, se disculpó. El superior tomó la lámpara y se dirigió a su oficina, donde con gran sorpresa constató lo dicho por los sirvientes.

—Definitivamente esto debe ser una señal de Dios —musitó—. Ésta es la señal que necesitaba para tomar una decisión sobre la petición del padre Charbel para permitirle retirarse a vivir en una ermita.

Al día siguiente el superior solicitó al Superior General la autorización de que el padre Charbel ocupara la ermita de San Pedro y San Pablo, donde permanecería hasta su muerte. La autorización fue recibida e inmediatamente se informó a Charbel que podía tomar posesión de la ermita.

Sin perder tiempo, el padre Charbel tomó el sinuoso camino que lo conduciría hacia su nuevo hogar ubicado allá, arriba, en la cima, donde en verano el sol quema aún más y en invierno el frío cala hasta los huesos. Nuevamente, como la vez que abandonó la casa de su madre, tan sólo llevó consigo lo que traía puesto junto con la alegría de entregarse totalmente a Dios en medio de la soledad, esa soledad que no todos toleran, pues implica un gran sacrificio humano que sólo los elegidos por Dios poseen y sobrellevan mediante la oración, la contemplación, la penitencia y la austeridad; y ésos sin duda son los que desde ya tienen algo de santos.

Desde entonces, el padre Charbel "se dedicó al coloquio íntimo con Dios, perfeccionándose en las virtudes, en la ascesis, en la santidad heroica, en el trabajo manual y en el cultivo de la tierra, en la oración",[17] ya que, por ejemplo, rezaba siete veces al día la Liturgia de las Horas. En cuanto a la comida, en Oriente es obligatorio ayunar por las mañanas; sin embargo, Charbel se autoimpuso hacer una sola y raquítica comida al día y vivir en el silencio absoluto.

En su celda de seis metros cuadrados, el padre Charbel únicamente contaba con una vasija de madera, un cántaro de agua, un taburete y una piedra para sentarse. Aunque a los ermitaños se les permitía dormir un máximo de cinco horas, Charbel sólo descansaba

---

[17] R.P. Rogelio Peralta Gómez, *San Charbel, amigo de Dios. Vida, devociones y sacramentales*, México, 2009, p. 14.

tres, ¡acostado sobre hojas de roble cubiertas con un jergón, en el suelo!, y su almohada era un pedazo de madera. También tenía un reclinatorio formado con ramas de rosal en el cual acostumbraba pasar varias horas hincado y rezando con los brazos extendidos hacia el cielo. Y por si todo esto fuera poco, portaba el cilicio.[18] Sin duda, era de un grado heroico todo su comportamiento.

Pero, a la par de esa vida de soledad a la que se entrega los ermitaños, deben realizar algunas actividades junto con el resto de los miembros de la comunidad monástica y los obreros, por tanto deben vivir en una ermita ubicada en las cercanías del monasterio y participar en los trabajos, pero sumidos siempre en un estricto silencio, como lo estipulan las reglas, aunque de ser necesario que el ermitaño hable, deberá hacerlo brevemente y en voz baja; además, eso sí, a no ser por una autorización u orden de sus superiores, el ermitaño no podrá abandonar la ermita. Para el padre Charbel

---

[18] "Faja de cerdas o cadenillas de hierro con puntas, que se lleva ceñida al cuerpo para mortificación", *Larousse. Diccionario enciclopédico*, Colombia, 1997, p. 243.

esto no implicaba el menor sacrificio; al contrario, el corazón se le inundaba de alegría al saber que estando enclaustrado sería más fácil llegar a Dios.

A pesar de cumplir con la regla del silencio, el padre Charbel trasmitía y enseñaba mucho, no con palabras ni con escritos, ya que no dejó nada de esto, pero sí con el ejemplo, que es con lo que predicaba.

—Cuando aún era estudiante, visité al padre Charbel —platicó el R. P. Juan Andary, quien fuera Superior General de la Orden Maronita—. Él me vio y me hizo una señal para que me sentara, después me dio un libro abierto y me pidió que leyera, se trataba de la historia de San Antonio *el Grande*; cuando terminé tomó el libro y comprendí que debía retirarme. Sin decirme una palabra me ilustró con el contenido del texto. ¡Ésa era su manera de predicar con el ejemplo!

Charbel solía ser enviado por sus superiores a cumplir con algunas visitas a enfermos o a oficiar misas fuera de su ermita. Cuando la gente lo reconocía al pasar avisaban a los demás: "Ahí viene el ermitaño de Annaya". Era imposible no identificarlo, ya que siempre llevaba la cabeza gacha y cubierta por el capuchón hasta la altura de los ojos a manera de que tan sólo pudiera distinguir el camino por el que iba. Muchos corrían a saludarlo y le besaban la mano o las vestiduras; otros le pedían que bendijera el agua que le presentaban en cántaros, pues era sabido que el padre Charbel obraba milagros, y algunos más tan sólo pedían su bendición. Él, sin embargo, no platicaba con nadie y antes que sentirse halagado por la algarabía de la gente se avergonzaba, y se mostraba más humilde aún.

Fue durante una de esas ocasiones en que Charbel había salido de su ermita que un hombre le suplicó que bendijera el agua que daría de beber a sus animales, pues estaban enfermos.

—Padre, sé que con esta agua mi ganado se recuperará —comentó el hombre.

En otra ocasión el padre Charbel recibió la orden de ir a un poblado cercano a visitar a un enfermo. Según el padre Makarios, dos mensajeros fueron por el padre Charbel para acompañarlo; sin embargo, a medio camino aquél se arrodilló y pidió a sus acompañantes que rezaran porque el enfermo acababa de morir; les dijo que ya no se podía hacer nada y que regresaría a su ermita. Poco tiempo después se enterarían en el monasterio de que efectivamente había sucedido lo que el padre Charbel había dicho.

Y así era, Charbel obraba milagros. Un día llevaron hasta su presencia a un hombre llamado Jibrail Saba, que era considerado el loco del pueblo. Con grandes esfuerzos, ya que era sumamente violento, lograron llevarlo al monasterio de Annaya y mandaron llamar al padre Charbel. Cuando éste le habló, el desquiciado se tranquilizó y permitió que el padre lo condujera a la capilla; ahí le pidió que se hincara, le colocó sobre la cabeza las Sagradas Escrituras y le leyó el Evangelio; al terminar de leer el hombre quedó totalmente sano, tanto que tiempo después decidió vivir en América y formar una familia.

Pero no sólo lograba calmar a los hombres más violentos, sino que también tuvo experiencias con animales, tres de las cuales son las más representativas:

1. Una noche en que al padre Charbel le tocó velar para cuidar el viñedo vio que unos chacales se metieron al terreno y comieron algunos racimos de uvas. Al día siguiente el padre Makarios, un compañero cercano de Charbel, tras ver lo suce-

dido le dijo que se había descuidado, a lo que aquél inocentemente respondió:

—No ha sido descuido, los pobres tenían tanta hambre que sentí pena por ellos y les permití comer un poco.

2. En otra ocasión, mientras se realizaba la cosecha en el viñedo y se limpiaba el terreno, apareció una enorme serpiente. Los monjes estaban aterrados al ver que no podían matar ni mucho menos controlar al enfurecido reptil que en cualquier momento pretendía atacarlos. Sin saber por qué, el superior pidió que llamaran al padre Charbel, quien se presentó al momento.

—¡No le hagan nada! Está asustada —pidió a sus compañeros y dirigiéndose a la serpiente le ordenó—. ¡Vete de aquí!

Ante la mirada atónita de los ahí presentes el reptil huyó por donde Charbel le había indicado.

3. En 1885 una plaga de langostas se dirigía hacia Ehmej y a su paso afectaría muchas cosechas, incluyendo las del monasterio de Annaya, pues estos insectos arrasaban con todo tipo de vegetación ocasionando una terrible hambruna entre los pue-

blos afectados. Al percatarse del peligro que los acechaba, el superior ordenó al padre Charbel que bendijera agua y con ella rociara las plantas. Así lo hizo y con esto evitó que las langostas se acercaran. Entonces los pobladores de Ehmej acudieron con el padre Charbel para que les bendijera agua y con ella protegieran sus cultivos. De esta manera se logró hacer frente a la plaga sin sufrir daños.

Y así, entre largos periodos de oración y trabajos manuales al día, entre milagros y sacrificios, entre limitaciones heroicas y alegría espiritual transcurrieron 40 años de Charbel como sacerdote; sin embargo, el momento que se convertía en el centro de su existencia era cada mañana a las 11, cuando oficiaba su misa según el rito de su orden, el maronita libanés, y más aún justo después de la Consagración cuando decía:

¡Oh, Hostia deseada que se ofrece por nosotros; víctima justificante que os presentáis vos mismo a vuestro Padre; Cordero que habéis sido sacerdote de vuestro sacrificio! Que nuestra plegaria, oh, Cristo, sea por vuestra bondad un holocausto ofrecido por vos a vuestro Padre.

...

¡Oh!, Padre de verdad, he aquí a vuestro Hijo víctima para satisfaceros: dignaos aceptarlo porque padeció la muerte para justificarme. Aquí está la ofrenda, recibidla de mis manos con complacencia olvidando las faltas que he cometido delante de vuestra Majestad."[19]

La partida del santo ermitaño

Así transcurrió cada día hasta el 16 de diciembre de 1898, cuando el helado ambiente penetraba por cada poro de la piel haciendo difícil hasta el más insignificante movimiento del cuerpo. ¡Cuán enorme debe haber sido el sacrificio de soportar esas bajas temperaturas para el ermitaño Charbel que tan sólo vestía un áspero y viejo hábito y llevaba a cuestas 70 años de edad!

Aunque eso no impidió que pese el cansancio y la inmolación que los años depositaron en su debilitado cuerpo, el padre Charbel oficiara su acostumbrada

---

[19] José Bustani, *op. cit.*, p. 155.

misa a las 11 de la mañana. Tiritando de frío, y quizá también de fiebre, llegó el momento de la Consagración, pero al tomar con dificultad la sagrada hostia se sintió estremecer. El padre Makarios que se encontraba presente se apresuró a ayudarlo. En cuanto se sintió repuesto, el padre Charbel continuó, pero al tomar el cáliz y la hostia se volvió a poner mal y su compañero Makarios se colocó la estola para continuar con la celebración, no sin antes asistir a Charbel que había quedado paralizado.

Ocho días de agonía son los que padeció el santo ermitaño. Ocho días durante los cuales no dejaron de atenderlo y de acompañarlo en su sufrimiento sus hermanos ermitaños. Ocho días en los que el único movimiento que pudo hacer fue con la boca, y fue con ella que rechazó tomar un caldo de carne que le acercaron para alimentarlo, ¡por supuesto que no lo tomaría, durante años se había privado de ese alimento y no iba a ser ahora, justo cuando se acercaba el final, cuando faltara a su sacrificio! Fue justo, también con la boca, que continuó en unión con Dios y durante esos ocho días no cesó de repetir las palabras que con tanta entrega decía después de la Consagración, palabras con las que sin duda se sentía identificado.

Ocho últimos días en que el padre Makarios tuvo la fortuna de gozar de la presencia de su santo compañero, que tras abandonar este mundo dejó sumidos en la tristeza, además de Makarios que se desmayó por no soportar el dolor de la pérdida, al sacerdote secular de Ehmej Miguel Abi-Ramia y al hermano Jawwad que presenciaron la partida, y a toda la comunidad del monasterio así como a la gente de los pueblos aledaños que rápidamente se enteró de lo sucedido al correr la noticia como pólvora a pesar de la nieve que hacía intransitables las calles.

Ocho días que pusieron punto final a los 23 años que el padre Charbel vivió como ermitaño en ese lugar que muchos de sus hermanos consideraban inhóspito aún en condiciones menos austeras que las que experimentó aquél que ya consideraban santo.

Ocho días que concluyeron la noche del 24 de diciembre de 1898, fecha en que Charbel o Dios o ambos eligieron para reunirse; una fecha significativa para los católicos por celebrarse el nacimiento del Niño Jesús.

¿Qué sucedió con el cuerpo del padre Charbel tras su muerte?

Aún antes, mucho antes de que Charbel fuera declarado santo en 1977 por el papa Paulo VI, máxima autoridad de la Iglesia Católica Romana, ya se le conocía en vida como "el santo ermitaño", pues con sus oraciones y bendiciones, obraba milagros, de esto hubo varios testimonios, como cuando bendecía el agua y con ella curaba personas y animales enfermos.

Ésta fue la razón por la que tanto los monjes como los habitantes de los alrededores del monasterio sintieron gran tristeza por la muerte del padre Charbel aquel gélido 24 de diciembre de 1898.

Ese día el cuerpo se colocó en una sencilla camilla para transportarlo desde la ermita de San Pedro y San Pablo hasta el monasterio de San Marón de Annaya. El cortejo estaba conformado por el padre Makarios, compañero cercano de Charbel, Miguel Abi-Ramia y el hermano Jawwad, entre otros. Por el camino varias personas les abrieron paso entre la espesa nieve que había cubierto todos los caminos, como solía suceder por las bajísimas temperaturas que se presentaban durante el invierno.

Los que presenciaban el paso del cortejo fúnebre trataban de besar o al menos tocar el cuerpo del padre Charbel, tan sólo ese pequeño acto y la enorme fe que le profesaban eran suficientes para mitigar un poco la tristeza y para sentir que él les dejaba su protección y sus bendiciones. Las mujeres por su parte, sabedoras de las costumbres del padre muerto de mantenerse alejado de ellas, se resignaban a arrodillarse y persignarse ante la presencia del cuerpo.

Entre los monjes que cargaban la camilla uno comentó:

—El frío es insoportable aun cubriéndonos con alguna prenda gruesa, ¿cómo es posible que el padre Charbel haya aguantado 23 años aquí, vistiendo tan sólo un viejo hábito que lo mismo le servía en verano que en invierno?

Y es que el frío viento atormentaba las manos, la cara, y hasta el aliento de quienes llevaban la camilla. Una vez que arribaron a su destino el cuerpo fue depositado sobre una tabla en la capilla del monasterio y posteriormente el padre superior procedió a anotar en su archivo lo acontecido.

Posteriormente los sepultureros se ocuparon en quitar una enorme piedra para abrir la bóveda de una especie de cueva construida con piedra, aledaña a la iglesia del monasterio, donde respetuosamente se depositaban los cadáveres de los miembros de la comunidad monacal. Era un lugar pequeño, sencillo y por su supuesto austero, como lo marcan las reglas de la orden maronita; un lugar que solía inundarse y conservar el suelo lodoso la mayor parte del tiempo.

Al entrar, los hombres colocaron respetuosamente a un lado las osamentas que eran dispersadas a causa del agua que inundaba el lugar, tras escombrar un poco, esperaron a que se llevaran a cabo las exequias del padre Charbel para introducir el cuerpo. Llegado el momento, un cortejo de monjes y demás personas acompañaron a su última morada al cadáver del querido ermitaño. El cuerpo, tan sólo cubierto por su hábito, se colocó en el centro del lugar sobre dos tablas apoyadas sobre piedras, ya que el suelo estaba lodoso. En seguida los sepultureros colocaron nuevamente la enorme piedra de la entrada y la sellaron.

El primer prodigio que se suscitó tras su muerte fue sobre su propia tumba.

A los pocos días de la muerte del padre Charbel, algunos lugareños se percataron de que durante las noches una luz iluminaba la tumba donde se encontraba el cuerpo del ermitaño y acudieron al monasterio a informar al padre superior, quien incrédulo les dijo que si volvían a ver el extraño fenómeno le avisaran inmediatamente para corroborar lo que le decían. Los hombres acordaron como señal un disparo de fusil en cuanto apareciera la misteriosa luz.

El padre superior estaba convencido de la entrega total a Dios que Charbel había hecho en vida y sabía de sus actos milagrosos, pero esto, ¿sería una señal divina?

Al llegar la noche el padre superior se sobresaltó al escuchar que tocaron violentamente la puerta del convento, se trataba de un grupo de hombres, encabezados por un musulmán que era el prefecto de la zona.

—Guiados por una luz que iluminaba este lugar, venimos persiguiendo a un hombre, seguramente se encuentra escondido por aquí.

El padre superior se sintió cada vez más intrigado por la mencionada luz cuando de pronto escuchó la señal del disparo. Salió corriendo de su oficina y, seguido por los recién llegados, se dirigió a la tumba donde se encontraba el cuerpo del padre Charbel.

—Esa luz ilumina al que en vida fue un santo —dijo conmovido al comprobar que era verdad lo que le habían dicho.

—¡Queremos saber que hay ahí dentro! —dijo el prefecto de la zona.

—No puedo abrir la tumba a menos que tenga autorización del Patriarca maronita.

El prefecto se dirigió a solicitar la autorización y posteriormente se abrió la tumba, que a causa de la luz se había convertido en un lugar de reunión de numerosos fieles, algunos de los cuales hasta intentaban tomar como reliquia algo de los restos del padre Charbel.

Al momento de abrir la tumba, los ahí presentes se percataron de que una parte del cuerpo del padre Charbel se encontraba entre el agua y el lodo que inundaba el lugar, y a pesar de eso aquél permanecía incorrupto, parecía como si el padre sólo estuviera dormido pues el cuerpo estaba tan flexible y la piel tan suave como cuando estaba con vida, además de que no despedía ningún olor o rastro de descomposición.

Tras observar esto, el padre superior se dirigió a informar lo sucedido al Padre General de la Orden y al Patriarca, a fin de que le autorizaran exhumar el cuerpo, colocarlo en un ataúd cerrado y en una tumba más apropiada.

Aunque en un primer momento las autoridades consultadas no estuvieron de acuerdo con lo anterior, al ver la popularidad que había adquirido el ermitaño entre la gente, ya fuera cristiana o musulmana, decidieron aceptar, lo mejor sería colocarlo en un ataúd y trasladarlo a un lugar escondido donde la gente no tuviera acceso a él, pues no se contaba con la autorización eclesiástica para venerarlo como santo.

El 15 de abril de 1899 se abrió la tumba ante la presencia de un grupo de diez personas conformado por laicos y religiosos, quienes atestiguaron y dieron fe ante la Comisión Eclesiástica de la situación en que se encontraba el cuerpo del ermitaño Charbel: totalmente conservado, a diferencia de la ropa que vestía y que estaba en muy malas condiciones.

¡No cabía duda, el padre Charbel era un santo! ¡El estado incorrupto de su cuerpo era una señal de Dios! Si no de qué manera se entendía que 932 monjes y ermitaños se hubieran enterrado antes que Charbel,[20] en la misma tumba, y 20 más después de él, y que todos, absolutamente todos esos cuerpos hubieran experimentado el proceso normal de descomposición, acelerado en gran parte por las condiciones del lugar.

Aunque algo más que sorprendió a los presentes fue que de un costado del cuerpo de Charbel transpiraba

---

[20] "El último fue el padre Elie de Michmich, uno de los superiores de la casa, con fecha 12 de febrero de 1897, nueve meses y 28 días antes de la sepultura de nuestro ermitaño", José Bustani, *op. cit.*, p. 23.

agua con sangre, algo inexplicable para la ciencia médica. Se procedió a cambiarle el hábito y a colocarlo en un ataúd abierto; después lo llevaron a un cuarto contiguo a la iglesia a la que se llegaba subiendo una escalera de piedra. Los superiores consideraban que ahí estaría lejos de sus fieles.

Pero no se acababan los problemas sino que se presentaban otros. Tres días después de estar en su nuevo lugar, el cuerpo del padre Charbel se hizo notar, pues despedía un extraño olor que aunque no era desagradable sí distraía a los monjes. Lo más grave era que el líquido sanguinolento que salía del cuerpo corría por las escaleras de piedra que conducían a donde se encontraban, con lo cual temían que esto delatara el lugar secreto donde lo habían colocado.

El párroco del monasterio, padre Joseph Al Kfoury, tomó la decisión de cambiar nuevamente de lugar y con la mayor discreción posible el cadáver. En un principio fue conducido a una de las celdas, pero después el padre, con ayuda de otro monje, lo colocó en una terraza con la esperanza de que se oreara y con ello se secara ese líquido que el cuerpo transpiraba por todos sus poros; además, para evitar que la sangre con agua corriera por los pasillos, se envolvió el cuerpo con dos sábanas a fin de que éstas la absorbieran.

Todo fue en balde. Luego de cuatro meses en la terraza el líquido seguía empapando las sábanas, las cuales era necesario cambiar todos los días.

Entonces se tomó otra decisión: extirpar los órganos internos, lo cual llevaría a cabo el médico Saba bou Moussa, quien posteriormente declararía que al momento de la operación los órganos tenían la apariencia de una persona viva. La cirugía fue un éxito, pero no la solución para que el cuerpo dejara de emanar el líquido, pues esto continúo de la misma manera.

Para 1901, la gente suplicaba que se le permitiera ver el cuerpo del amado y milagroso ermitaño. El padre Joseph Al Kfoury autorizó que se le colocara en un cuarto cercano a la entrada del monasterio. Esta vez lo pusieron parado en una vitrina, pues aquél consideraba que de tal manera sería más fácil absorber el extraño sudor al envolverle los pies con las sábanas. Por ese tiempo el doctor Najib el Khoury propuso lo que consideraba la mejor solución para acabar con la transpiración: colocar cal viva en los pies del cuerpo del padre Charbel mientras permanecía en la vitrina. Esto además de absorber el líquido descompondría el cuerpo.

Pero tampoco funcionó y el doctor declaró que estaba ante un fenómeno inexplicable para la ciencia.

Algunos monjes consideraban que esa no era una posición adecuada y se le colocó nuevamente en el ataúd, que fue sustituido en 1909 por una caja que donó el doctor Georges Choukralla y en la que permanecería hasta 1927. Este médico, al igual que cuanto especialista se consultaba para dar una explicación sobre la conservación del cuerpo del ermitaño, reconoció que para él se trataba de algo sobrenatural.

Ante todo esto, los padres superiores de la Orden Maronita decidieron "introducir al tribunal de Roma la causa de beatificación del padre Charbel".[21] Solicitud encabezada por el padre Ignace Dagher, Superior General, en 1925 ante el Papa Pío XI, quien dio la orden de dar inicio a la encuesta eclesiástica, requisito indispensable que consiste en presentar las pruebas de

---

[21] Incluyendo también a otros dos miembros de la orden: el padre Kassab al Hardini y a la monja Rafqa ar Rais. José Bustani, *op. cit.*, p. 30.

santidad y los milagros obrados del futuro beato, lo cual estaría a cargo del Patriarca.

En 1926 el cuerpo del padre Charbel se cambió de lugar, pues mientras la Santa Sede no lo autorizara no podría ser venerado.

Para el 24 de julio de 1927 el cuerpo del ermitaño nuevamente fue exhumado ante un numeroso grupo de gente entre los que estaban miembros de la comisión eclesiástica. El objetivo era dar fe de las condiciones en que se encontraba el cuerpo e informar de la vida y obra del padre Charbel. Todo se plasmó en un documento que también hacía referencia a la "introducción eventual de la causa de beatificación",[22] el cual fue metido en un cilindro de metal. El cuerpo se colocó en una caja de madera que a su vez se puso dentro de una de cinc que contenían el cilindro del reporte. Los ataúdes se metieron en una tumba hecha cerca de la cripta y se colocaron sobre dos piedras.

Transcurrió el tiempo hasta que el 25 de febrero de 1950, se empezó a observar que de la pared de la cripta permeaba un líquido. El Superior General

---

[22] José Bustani, op. cit., p. 31.

de la Orden, Jean Andary, ordenó que se abriera la tumba para confirmar el estado en que se encontraba el cuerpo. Grande fue su sorpresa al observar que el cuerpo no sólo se encontraba en perfectas condiciones, sino que aún trasudaba y que eso era lo que había traspasado la pared de la tumba.

Tras haber sido informado de lo anterior, el Patriarca Antoine Arida ordenó, en presencia de médicos y eclesiásticos, una nueva exhumación. Lo que observaron fue lo mismo de ocasiones anteriores: el cuerpo permanecía incorrupto, la ropa se encontraba en malas condiciones al igual que los ataúdes, pues incluso el de cinc se había abierto de la parte de los pies; el cilindro de metal estaba inservible pero aún protegía el reporte de 1927.

Para entonces los fieles suplicaban por un poco de ese sudor del ermitaño, pues aseguraban que era milagroso y curaba todas las enfermedades.

Ese año de 1950 se sucedieron innumerables milagros y el cuerpo del padre se volvió a colocar en la tumba tomando todas las precauciones posibles para evitar el saqueo. Pero si los cientos de fieles que llegaban ante la tumba no podían tener algo de la ropa o del sudor del padre, se contentaban con llevarse un puñado de tierra del monasterio o una rama, hoja o incluso corteza del roble bajo el cual el padre Charbel solía hacer oración.

Proceso
de beatificación

Aunque desde 1925 se había introducido la causa de beatificación del padre Charbel, es a raíz de los innumerables milagros suscitados en 1950, el llamado "Año del Santo", cuando se realiza una nueva introducción de la misma ante el papa Pío XII.

De esta manera en 1954 el Papa autoriza iniciar el "proceso apostólico", que tiene seguimiento con el papa Juan XXIII, para concluir con el papa Paulo VI, quien lleva a cabo la ceremonia de beatificación del padre Charbel el 5 de diciembre de 1965, durante el Concilio Ecuménico Vaticano II.

Esta ceremonia de beatificación se convierte en un hecho histórico por ser la primera vez que la Iglesia

Católica Oriental y la Orden Maronita estarán en la Santa Sede representados por uno de sus miembros, así que no podían faltar a la ceremonia los integrantes de esta Iglesia y, por supuesto, los de las demás delegaciones episcopales, con lo cual puede decirse que se encontraban reunidos prácticamente todos los obispos del mundo.

El Papa firma el decreto que respalda la heroicidad de las virtudes, es decir, las cualidades de santo del padre Charbel. Otro de los requisitos para la beatificación son los milagros atribuidos por la intercesión del posible beato ante Dios, aunque es suficiente presentar un milagro comprobado para cumplir con el requisito, en torno al padre Charbel había cientos, pero dos fueron los elegidos: el de sor María Abel y el de Iskandar Ubaid.

Las palabras que pronunció el Santo Papa fueron:

Un ermitaño de la montaña libanesa está inscrito en el número de los bienaventurados… un nuevo miembro de santidad monástica enriquece con su ejemplo y con su intercesión a todo el pueblo cristiano. Él puede hacernos entender en un mundo fascinado por el confort y la riqueza, el gran valor de la pobreza, de la penitencia y del ascetismo, para liberar el alma en su ascensión a Dios.[23]

Cuando se realiza una ceremonia de beatificación, la Orden a la que pertenece este nuevo beato está comprometida a obsequiar una ofrenda al Santo Padre. Así que la Orden a la que perteneció el padre Charbel entregó cuatro obsequios: una reliquia tomada de las costillas del ermitaño, incrustada en un cedro de oro; una medalla de oro grabada con el rostro del beato Charbel; dos libros acerca de su vida, uno en italiano y otro en francés, y un arreglo floral con los colores de la bandera del Líbano.

Ese mismo mes el cuerpo del beato Charbel dejó de trasudar y se comenzó a descomponer sin despedir ningún olor desagradable. Sus restos se conservan en una capilla del monasterio de Annaya.

---

[23] R.P. Rogelio Peralta Gómez, *op. cit.*, México, 2009, p.15.

Proceso
de canonización

Para el proceso de canonización la Santa Sede escogió un milagro más, el caso de Miriam Aouad de Hammana, quien "tenía cáncer en la garganta. Dios la curó por la intercesión del Santo Charbel en 1967."[24]

Este proceso se inició en 1976 con el papa Paulo VI y lo concluyó el 9 de octubre de 1977 durante el Sínodo Mundial de Obispos.

Parte del discurso que pronunció el Papa en la Basílica de San Pedro fue:

En honor de la Santa e Individua Trinidad, para la exaltación de la fe católica y promoción de la

---

[24] Rogelio Peralta Gómez, *Novena en honor a San Charbel*, México, Bet Morún, p. 6.

vida cristiana, con la autoridad de Nuestro Señor Jesucristo, de los bienaventurados apóstoles
Pedro y Pablo y nuestra, después de madura de-
liberación y tras implorar intensamente la ayuda
divina... decretamos y definimos que el beato
Charbel Makhlouf es SANTO, y lo inscribimos en
el catálogo de los santos estableciendo que sea
venerado, como santo con piadosa devoción en
toda la Iglesia. En el nombre del Padre y del Hijo
y del Espíritu Santo.[25]

La Iglesia entera, de Oriente a Occidente, está
invitada hoy a compartir una gran alegría. Nuestro
corazón se vuelve hacia el cielo donde sabemos
con certeza que San Charbel Makhlouf participa
ya en la felicidad inconmensurable de los santos,
en la luz de Cristo, alabando e intercediendo por
nosotros.[26]

El año de 1977 el Patriarca Cardenal Pablo Pedro
Meouchi declara como fecha oficial para festejar a San
Charbel el tercer domingo de julio.

---

[25] *San Charbel Makhlouf. Vida, novena, liturgia y oraciones*, s/f, p. 7.
[26] José Bustani, *op. cit.*, pp. 205-206.

Milagros del padre Charbel

P ara cumplir con los requisitos que establece la causa de beatificación, se tomaron en cuenta dos entre los cientos de milagros realizados por el ermitaño libanés. A continuación los mencionamos.

Recuperación de la vista

Iskandar Ubaid era un herrero que vivía en Baabdat. Un día, mientras realizaba un trabajo, se lastimó el ojo de manera tan delicada que al ser revisado por el médico el diagnóstico que le dio fue terrible: se había destrozado completamente la retina y a fin de que esto no provocara una infección en el ojo sano lo más recomendable era extirparle el dañado.

Iskandar consultó más médicos y tras someterlo a diversos tratamientos, todos coincidieron en el diagnóstico del primero: era necesario realizar la ablación del ojo accidentado.

El herrero decidió no someterse a la cirugía asumiendo la responsabilidad de lo que pudiera sucederle en el ojo sano y así transcurrieron 13 años.

Superando difíciles pruebas se había adaptado a su nueva vida de tuerto, hasta que en 1950 llegaron hasta su pueblo las noticias de los milagros obrados por el ermitaño de Annaya.

Amigos y vecinos sugirieron a Iskandar que se encomendara al padre Charbel y que fuera a rezar ante su tumba. El hombre respondió que lo haría si le era enviada una señal. Transcurrieron algunos días en total normalidad, hasta que una mañana Iskandar despertó y contó a su familia que había soñado con un monje que el decía: "Ve al monasterio".

Iskandar se preparó para el viaje y al llegar a Annaya se dedicó a escuchar misa y a rezar como toda la gente que estaba en ese lugar esperando ver cumplido algún milagro de Dios por intercesión de Charbel.

Iskandar regresó a su casa y con el paso de los días comenzó a sentir un dolor intenso en el ojo enfermo que poco a poco se fue haciendo insoportable.

Tanto la familia como los amigos del herrero se encontraban preocupados por su salud y todos le recomendaban que acudiera con un médico para que le quitara el terrible dolor.

—¡El padre Charbel es mi único médico y él me curará! —era la respuesta tranquila que les daba.

Una noche en que Iskandar pudo dormir pese al intenso dolor, soñó que se encontraba en uno de los monasterios de la Orden Maronita. De pronto, sintió cómo el conductor del camión le enterraba una barra de metal en el ojo dañado ocasionándole un inmenso dolor que lo hizo despertar del sueño con un fuerte grito.

Al escucharlo, su esposa despertó asustada.

—¿Por qué gritas?

—Sólo estaba soñando —respondió y se volvió a dormir a pesar de que el dolor había sido bastante real.

Sorpresivamente Iskandar volvió a su sueño, aunque esta vez ya no estaban ni el camión ni el conductor, ahora veía un monje que se le acercaba.

—¿Qué te pasa?

—Me duele terriblemente el ojo —contestó el herrero al tiempo que veía escrito en el asfalto el nombre del padre Charbel.

El monje lo tranquilizó diciéndole que le aplicaría un polvo en el ojo, que sentiría un insoportable dolor e inflamación que poco a poco se le pasarían y que lo dejarían totalmente sano.

Iskandar no dudo ni un momento en lo que el monje el decía y al sentir cómo le entraba el polvo en el ojo lanzó un grito más fuerte que el anterior.

Su esposa se volvió a despertar y se aterró al ver el ojo hinchado del hombre.

—¡No aguanto este dolor, pero estoy seguro de que es señal de que ya me voy a componer! —en ese momento Iskandar pidió que le acercaran la imagen del ermitaño Charbel y, cubriéndose el ojo sano, observó la imagen.

—¡Veo, he recuperado la vista! —gritó feliz ante la mirada atónita de su familia.

La gente que se había preocupado tanto por su salud acudió a corroborar con sus propios ojos el milagro realizado por el ermitaño de Annaya.

Y de que había sido un milagro no cabía la menor duda, pues el médico Salhab, uno de los que incluso había sugerido la extirpación del ojo dañado, reconoció que a 13 años del accidente no había explicación lógica ante la recuperación de aquel ojo que no había manera de curar por medios científicos o humanos.

Siete médicos más certificaron el milagro de Iskandar, que posteriormente fue analizado por el Vaticano.

Desaparición de una úlcera

El 8 se septiembre de 1929 María Abel, una joven originaria de Hammana, que apenas tenía 16 años de edad, se integró a la Congregación de los Dos Sagrados Corazones perteneciente a Bikfaya.

Aunque había mostrado ser una joven normal, a partir de 1936 sor María Abel comenzó a presentar vómitos e insoportables dolores de estómago.

Durante siete meses fue atendida por varios médicos que no lograron controlar y mucho menos curar el problema de la monja. Finalmente, uno de los doctores más prestigiados de Egipto, tras realizar una serie de estudios, diagnosticó la existencia de una úlcera estomacal. Aunque se prescribió el tratamiento adecuado, la joven cada vez estaba peor.

Poco después consultó a un cirujano que confirmó el diagnóstico anterior y que consideró que era urgente practicar una cirugía; sin embargo, al momento de intentar extirpar la enorme úlcera, el médico se dio cuenta de que la vesícula y los riñones estaban muy afectados por aquella y le fue imposible realizar con éxito la operación.

Sor María Abel regresó al convento con más dolencias y problemas, pues cada vez toleraba menos los alimentos, por no decir que nada pues siempre vomitaba cualquier cosa que ingería, lo cual la debilitaba con gran rapidez.

Para 1940 ya casi no podía sostenerse en pie y pasaba la mayor parte del tiempo en cama.

En 1942 la mano derecha se le paralizó y se le cayeron los dientes. No podía trasladarse a ningún sitio, por cercano que estuviera, de no ser ayudada por alguna de las hermanas del convento y por un bastón. Tal era la gravedad en que se encontraba que incluso le dieron la extremaunción.

Difícil y llena de penurias transcurrió la vida de sor María Abel, hasta que en 1950 se enteraron en su convento de que mucha gente acudía a la tumba del padre

Charbel a solicitar que les cumpliera algún milagro, pues ya eran varios los que habían conseguido algún favor del ermitaño de Annaya.

Para esta monja no era fácil desplazarse hasta el monasterio donde se encontraba el cuerpo del padre Charbel, así que con gran fe le suplicó que intercediera ante Dios para que recuperara la salud.

Y entonces la señal llegó. Una noche sor María Abel soñó que se encontraba hincada rezando en una capilla y a su lado estaba nada menos que ¡el padre Charbel bendiciéndola!

Convencida de que era el principio de su sanación, la monja pidió que la llevaran ante la tumba del ermitaño. El 11 de julio de 1950, a las 9:40 am, sentada en una silla para trasladarla al auto, salió de su convento acompañada por "Isabel Ghurayeb, superiora del convento de Jbail, de sor Bernadette Nafah, maestra en el convento de Bikfaya, de sor Leontina Rahmeh y de sor María Matilde Zambaza."[27]

---

[27] José Bustani, *op. cit.*, p. 168.

El viaje resultó sumamente cansado para la monja más que para cualquier otro, pues desde hacía tiempo se encontraba desahuciada.

Cuando llegaron al monasterio de Annaya, sor María Abel fue conducida en su silla hasta la tumba del padre Charbel. Se quedó asombrada ante la gran cantidad de gente que se encontraba en ese lugar orando y agradeciendo por tantas bendiciones recibidas.

La monja fue acercada por sus acompañantes hasta la piedra de la tumba y ella hizo el esfuerzo de estirarse para besarla, en ese momento la enferma sintió como si una corriente eléctrica le corriera por la espalda, lo cual obligó a sus acompañantes a solicitar una celda donde pudiera recostarse y descansar un poco.

Luego de un rato pidió que le permitieran pasar la noche cerca de la tumba del ermitaño, pero considerando que sería muy desgastante para alguien en su estado la superiora autorizó permanecer un día más en ese lugar para que sor María Abel pudiera rezar cerca de la tumba la mañana siguiente.

Cuando la monja estuvo nuevamente ante la tumba observó unas gotas de agua justo en el lugar donde estaba escrito el nombre del padre Charbel.

—¡Esas gotas son una señal! Las recogeré con mi pañuelo y me las pasaré por el cuerpo —pensó la monja mientras se levantaba de la silla y estiraba la mano.

Y así, frente a todos los ahí presentes se realizó el milagro, sor María Abel estaba curada de la parálisis, de la úlcera y de todos los males que la habían aquejado desde hacía 14 años.

Una vez que regresó a la Congregación de los Dos Sagrados Corazones su restablecimiento fue certificado, en fechas distintas, por dos de los médicos que habían consultado durante la enfermedad de María Abel; ambos afirmaron que el restablecimiento era obra de un milagro, ya que ellos habían considerado que su estado era incurable.

Por las causas sobrenaturales de esta recuperación el caso se turnó al Vaticano después de analizarse seriamente.

Crónica de un día dedicado a San Charbel

Es primer martes de mes y, no sé por qué fuerza extraña, siento una curiosa necesidad por asistir a la misa que en estas fechas se celebra en honor a ese santo maronita libanés de quien apenas conozco un poco, tan poco que incluso he tenido que averiguar cómo debo llamarlo: ¿San Charbel o San Chárbel?

Una amiga me dice que es "Chárbel", tenga o no tenga acento escrito se pronuncia de esta manera simple y sencillamente porque una hermana suya dice que así se llama y ella es bien devota de este santo y por lo tanto ella sí que sabe el nombre correcto.

Yo alego que eso no es posible pues según las reglas de acentuación se puede tratar de una palabra grave o aguda y entonces le recito la regla de que cuando una palabra no termina en n, s, o vocal y se le pone tilde en la penúltima sílaba… ¡qué más da! De repente me doy cuenta de que el alegato no tiene sentido, al final lo que realmente importa es que es un santo milagroso, al menos eso es lo que me han dicho, y qué ganas dan de estar cerca y saber más de San Charbel.

Me preparo entonces para dirigirme a la Catedral Maronita de México y Santuario de San Charbel que se encuentra, como dicen algunos *nomás pa'pantallar*, "en el primer cuadro de la ciudad de México", justo en la calle de Correo Mayor esquina con Uruguay. Y vaya que está en pleno centro de la ciudad; como no ubico muy bien el lugar decido seguir el consejo de alguien que me sugiere llegar al Eje Central y de ahí seguir por la calle de Uruguay.

Camino y camino y cada vez que pregunto si me falta poco para llegar a Correo Mayor me dicen que sólo unas cuadras más, que no falta mucho, en eso momento me doy cuenta de que mi concepto de "no falta mucho" es muy diferente al de los que me dan información y que al menos a mis pies y a mí nos parece que ya hemos recorrido una eternidad y que el templo no aparece por ningún lado; no sé, incluso cruza por mi mente una idea absurda: quizá San Charbel ya sabe que no sé casi nada de él y que como en parte es la mera curiosidad la que me mueve a ir a su santuario me está poniendo una dura prueba, aunque bueno, igual alcanzaré mi objetivo.

¡Por fin! ¡Ahí está! ¡No lo puedo creer! Ni siquiera imaginaba cómo era el santuario, pero claro, tratándose de un lugar en el centro de la ciudad no podía ser sino una de esas iglesias antiguas con muros de piedra, incluso hasta me parece pequeña.

Miro que en mi reloj apenas van a dar las 11:30 am. Sin duda he llegado a buena hora, 30 minutos antes de la misa, y no hay grandes tumultos en las puertas, al contrario, considero que apenas comenzará el movimiento de gente. Entro al templo y mi primer impulso es buscar el mejor lugar para sentarme, después de todo me lo merezco luego de tan larga caminata. Aunque se trata de una iglesia católica de entrada el ambiente me desconcierta un poco pues yo, hasta donde recuerdo, nunca he escuchado que pongan música en las iglesias antes de comenzar una misa, pero aquí percibo que de las bocinas del templo provienen unas alabanzas en un idioma para mí totalmente desconocido, y por más que intento "pescar" alguna palabra *nomás* no entiendo nada. Eso sí, la música me resulta un tanto parecida a los cánticos que interpretan las estudiantinas, por lo tanto deduzco que se trata de alabanzas a Dios.

Una vez recuperada de esta primera impresión me dirijo hacia las bancas de enfrente, quiero estar justo adelante para no perder detalle. Es entonces cuando me percato de que el templo no está tan vacío como imaginaba. ¿Cómo es que apareció toda esa gente que ya se ha adueñado de casi todos los lugares de la iglesia? ¿Por qué llegan tan temprano? ¿Acaso nadie les dijo que la misa empezaba hasta las 12 pm? Y yo que ya no aguanto el dolor de pies.

Miro y remiro las bancas de enfrente y me resigno a no sentarme en la parte de adelante como era mi intención, pues todo está totalmente ocupado. En algunos espacios de las bancas hay personas, pero en otros hay bolsas y ropa sentadas, ¡sí, sentadas!, un suéter por ahí, una bolsa de plástico por allá, aquí dos bolsas de mano y yo, ¡y yo qué!, yo mientras sin ningún huequito para descansar un poco, como si no hubiera sido suficiente con todo lo que ya caminé para encima tener que estar parada todo el tiempo que falta para que empiece la misa y además tener que echarme la celebración de pie. Seguro que esos objetos sentados pasarán a ocupar un lugar en las piernas de los afortunados que mandaron a alguien temprano para que les apartara algún lugar.

Pero eso no es lo peor, pues aún tenía la esperanza de encontrar un lugar en las bancas de en medio y, ¡oh decepción!, mientras recorro los pasillos y busco un asiento me doy cuenta de que esta gente se puso de acuerdo con la de adelante y echó mano de las mismas artimañas para no dejarme sentar. Reviso hasta la última banca y veo que toda mi búsqueda ha sido inútil.

Para entonces me doy cuenta de que mientras me entretenía en encontrar un lugar en las bancas otros consiguieron, quién sabe dónde, unos bancos de plástico y ahora incluso los extremos de las bancas están llenos de gente sentada mientras que las paredes se encuentran tapizadas de personas que se han apostado ahí para poder recargarse y alivianar un poco el hecho de estar paradas.

Y yo, mientras tanto, ahora no encuentro ni siquiera un lugarcito, aunque sea parada y sin recargarme en la pared, desde el cual pueda alcanzar a ver hasta adelante y mucho menos puedo hacer el intento por acercarme, es obvio que resultaría imposible.

De pronto me detengo en un punto desde el cual, si me paro de puntitas, es posible ver algo más que sólo cabezas delante de mí; sí, allá alcanzo a ver una partecita del altar, seguro veré al menos la cara y la cofia del obispo, pues según me dijeron él sería el encargado de oficiar la misa.

"¿Hoy es 'la misa del aceitito'?" Con sobresalto volteo y miro junto a mí a una señora joven de quien no me había percatado por estar trazando mi estrategia para no perderme detalle de lo que pasará al frente. ¿Cómo?, le respondo; "¿qué si hoy es 'la misa del aceitito'?" Le comento que no sé, y para mis adentros pienso que ni siquiera sabía que existía "una misa del aceitito". Ella dice que tiene un año asistiendo a misa cada mes para agradecer a San Charbel los favores que le ha concedido; me cuenta que se acercó a este santo porque una hermana suya le dijo que era muy milagroso y hace alrededor de un año tuvo oportunidad de comprobarlo pues por ese tiempo a su madre detectaron cáncer y los médicos dijeron que presentaría dolores intensos el tiempo que continuara con vida.

"Mi hermana y yo pedimos con tanta fe a San Charbel que no permitiera que mi mamá sufriera y ella sólo duró una semana sin presentar ninguna molestia; San Charbel nos hizo el milagro y desde entonces yo vengo cada mes y traigo a mi hija de 8 años para que aquí la preparen para hacer la Primera Comunión. Eso sí, no me he cambiado de religión ni nada, sigo siendo católica, pero tengo mucho que agradecerle a este santo que es bien milagroso".

Cuando esta mujer me dice que no ha cambiado de religión me da la impresión de que conoce muy poco sobre el santo, pues él también es católico, aunque después de todo se compensa con la enorme fe que ella le tiene. Le pregunto si conoce algo sobre la vida del santo ermitaño y apenada dice que no, que nunca ha leído nada sobre él y que reconoce que está muy mal eso, así que se compromete a saber más sobre este santo a quien mucho le debe.

Nuestra charla se ve interrumpida por la presencia del obispo y sacerdotes que lo acompañan. ¡Por fin dará inicio la misa! Trato de poner todos los sentidos en la ceremonia, pero no puedo evitar ver de reojo que aún hay cosas sentadas en las bancas, tal vez si sonrío a los que están junto a ellas se compadezcan y me permitan sentar, total, aquí, junto a la banca que me queda cerca, veo que sólo hay tres personas cuando caben cinco, algo me dice que sólo esperan a una sola persona, por tanto, las probabilidades de que me siente son altas. Pero de repente me llevo un chasco, pues entre que escucho la misa y miro mi futuro lugar veo que se acerca una señora muy, muy, muy pasada de peso que a mi pesar ocupa tanto su lugar como el mío en el espacio apartado.

Esta ceremonia con rito maronita libanés transcurre de una manera, para mí, un tanto distinta a las misas católicas a las que suelo asistir pues hay momentos en que el obispo calla para dar la palabra a los sacerdotes que lo acompañan y éstos dan la liturgia en ¡arameo! ¡La lengua de Jesucristo! Por supuesto que no sé ni "j" en esa lengua, pero el obispo al dar la homilía nos instruye y aclara esto que agradezco mucho porque para mí resultaba una verdadera incógnita.

Me parece diferente pero interesante que al momento de consagrar la hostia nuevamente se hable en arameo, incluso me resulta bella esta parte de la misa, y al mirar a mí alrededor tengo la impresión de que no soy la única embelesada.

De pronto alguien me pregunta si me voy a confesar, ¡claro, si estoy cerca del confesionario y acaba de llegar un sacerdote! Inmediatamente permito que pasen las personas y veo que se levanta una señora mayor del lugar junto al que he quedado parada, no sé por qué pero angustiada le digo: "Por favor, no le vayan a ganar su lugar, apártelo". Ella me sonríe y me ofrece el asiento al tiempo que se apresura para formarse y poder confesarse. Yo estoy feliz de que aunque sea sólo por un momentito pueda descansar, me parece estar en la gloria y mis pies parecen agradecerlo; egoístamente espero que los que se encuentren antes de la señora tengan muchos pecados para que se tarden y ella no regrese pronto a su lugar.

La ceremonia continúa y observo que la buena mujer ya se ha confesado, aunque es una señora bajita y menudita bien que la ubico, cómo olvidar que le debo esos minutos de descanso. Ella no hace el intento por volver a su lugar, quizá se resignó a perderlo pero yo, ni modo, me siento comprometida a devolvérselo y le hago señas para que se siente, lo cual hace no sin antes agradecerme el detalle.

La misa ha concluido. La gente comienza a aglomerarse en el pasillo de en medio y se forma en dos filas; de repente me acuerdo de ese dicho que reza: "Al país que fueres haz lo que vieres", y sin saber por qué me dirijo rápidamente hacia una de las filas. He quedado cerca de tres mujeres, dos maduras y una joven, una de ellas me cuenta que tiene cerca de cinco años visitando a San Charbel pues ha sido muy milagroso y casi todo lo que le pide se lo concede y rápido, por eso es que ya invitó a su hermana y a su sobrina al santuario y ellas encantadas la acompañan.

Adelante, justo enfrente de las filas se encuentran el obispo y el padre Rogelio Peralta Gómez, párroco de ese santuario. Ambos están ungiendo a la gente con el aceite milagroso de San Charbel. Es hasta entonces cuando le encuentro sentido a eso de "la misa del aceitito" de la que me habló la señora que se me acercó cuando recién llegué a la iglesia. Tal vez me equivoque, pero mientras me dirijo a la salida me doy cuenta de que la gente que se ha reunido para escuchar la misa tiene una particularidad, en su mayoría pareciera de clase media y algunos, incluso, de media alta, eso lo deduzco por su ropa y forma de comportarse. No veo chavos banda como en las misas de San Judas Tadeo, no, aquí los jóvenes en su mayoría parecen venir en familia a escuchar misa. Por ahí veo un muchacho, de unos 20 años que me cuenta que apenas tiene un par de años de haberse acercado a San Charbel, gracias a una amiga que se lo "recomendó"; le dijo que era muy milagroso y actuaba rápido y como él tenía un serio problema económico, le pidió a San Charbel que lo ayudara y en una semana consiguió un buen trabajo; desde entonces no falla a la misa que se le oficia cada mes.

Después me topo con una pareja madura, ella discretamente enjoyada y él de porte elegante, es obvio que no viven en una colonia popular; me cuentan que en una ocasión, en Cuernavaca, les hablaron de San Charbel y están seguros de que no fueron ellos los que se acercaron a él sino éste a ellos y a pesar de que no han tenido necesidad de pedirle ningún favor tienen una fe infinita en el santo libanés.

Ya he llegado a una de las puertas y observo que algunas personas han ido a misa solas, al igual que yo; sin embargo, llama mi atención observar a "hombres", y más aún verlos vestidos formalmente, que apurados abandonan el santuario, seguro se han salido de sus respectivos trabajos para asistir a su cita con San Charbel. Uno de ellos me comenta que no vive en la ciudad de México pero cada vez que por su trabajo se traslada acá pasa a escuchar misa a esta iglesia para agradecer al santo todo lo que le ha dado.

Justo en la puerta hay una mujer con su joven hija repartiendo rosas a cada uno de los que salimos, es una forma de agradecer a San Charbel por los milagros que le ha concedido. Me cuenta que hace algunos años uno de sus cuñados tuvo un terrible accidente y quedó gravemente herido, entonces le recomendaron que le rezara a San Charbel y éste lo salvó; así como ése ha recibido muchos favores y por eso no falta cada mes a la misa que se le celebra.

Abandono finalmente esa iglesia que ha quedado envuelta en un delicioso olor a rosas, al menos eso es lo que percibo; erróneamente supongo que se debe a las flores que estaban regalando, pero después compruebo que no, pues la rosa que yo llevo orgullosamente en la mano casi no tiene olor, y a pesar de haber abordado un "micro" (porque eso sí, no tenía la más mínima intención de volver a caminar tanto) el aroma aún me resulta penetrante. Inconscientemente me toco la frente y al mojar mis dedos con el aceite que debido al calor se comenzaba a escurrir me doy cuenta de que mi mano huele a rosas, sí, seguro que es ese "aceitito milagroso" el que desprende tan agradable aroma.

No sé por qué pero siento como si la gente me hubiera contagiado de su fe, o ¿acaso será San Charbel quien al ver todo lo que padecí esta vez para llegar hasta su santuario me dará la oportunidad de conocerlo un poco más?, si es así sólo puedo decir: ¡Qué ganas de volver a estar presente en otra de esas "misas del aceitito"!

¡Ah! Y, por último, pude averiguar que San Chárbel y San Charbel son el mismo santo y ambas pronunciaciones son correctas, y conocer esta información no cambia en nada la esencia de este santo ni la paz y tranquilidad que trasmite.

Sacramentos y sacramentales

La mayoría de los jóvenes y adultos, e incluso algunos niños, que han recibido algún tipo de formación dentro de la Iglesia Católica conoce de la importancia de los siete sacramentos: Bautismo, Confirmación, Eucaristía, Penitencia, Unción de los enfermos, del Orden Sagrado (diáconos, sacerdotes y obispos) y Matrimonio.

Éstos "son mucho más que un signo de la presencia y de la acción de Jesús en la Iglesia."[28] Por medio de ellos se otorga la gracia del Espíritu Santo a quien los recibe; es decir, se nos permite gozar de la salvación

---

[28] Miguel Romero Pérez, S. J. y Rafael Moya García, *Misal para todos los domingos y fiestas del año*, Obra Nacional de la Buena Prensa, A.C., México, 2010, p. 412.

que Dios-Hijo nos trajo con su sacrificio cuando fue crucificado.

Por esto se afirma que en cada sacramento "se realiza la acción del Padre, y del Hijo y del Espíritu Santo",[29] con lo que se santifican diversos aspectos de la vida sobre todo en el espiritual.

Sin embargo, también se cuenta con elementos materiales, llamados sacramentales, que aunque no otorgan la gracia del Espíritu Santo a quien los recibe, sí le ayudan a preparar el camino para gozar de ella.

El padre Rogelio Peralta Gómez menciona que éstos "no confieren gracia, pero son de gran utilidad al hombre, pues por la oración de la Iglesia preparan a recibirla y disponen a cooperar con ella, obteniendo logros espirituales en la fe, esperanza y caridad para con la Santísima Trinidad, así como, las devociones a nuestros amigos los santos".[30]

Los sacramentales a los que más se recurre son el agua, el incienso y el aceite.

---

[29] Ibid.
[30] Rogelio Peralta Gómez, *op. cit.,* p.101.

Importancia del aceite en Oriente

En la región de Oriente cercana al Mediterráneo el aceite siempre ha tenido gran importancia. En un principio en la alimentación y como combustible; en la Era Cristiana se comenzó a emplear para ungir a los enfermos y para mantener encendidas las lámparas que se colocaban ante el sagrario y las representaciones de los santos.

Se consideraba que las lámparas simbolizaban las virtudes de los santos y el hecho de mantenerlas encendidas evidenciaba la fe de quien las prendía.

Muchas veces, ante la falta de reliquias de algunos santos, como el caso de San Marón, el fundador de la Orden Maronita, se acostumbraba ya fuera recoger con alguna prenda un poco del aceite con que se había untado al cuerpo o conservar algo del aceite contenido en la lámpara que se mantenía encendida cerca de su tumba. En otros casos se vertía un poco de aceite por un orificio superior del ataúd del santo, para que estuviera en contacto con su cuerpo, y se recogía por otro inferior para posteriormente entregarlo a los fieles como sacramental para la unción de los enfermos o con propósitos curativos.

El aceite milagroso de San Charbel

Cuando el padre Charbel murió los milagros que por su intercesión se manifestaban comenzaron a aumentar[31] y con ello la gente que se encomendaba a él.

Muchos fieles han rezado frente a la tumba e imágenes del ermitaño incluso desde antes de que fuera elevado a los altares como santo, y por causas sin explicación tanto la tumba como algunas de las imágenes han trasudado un líquido que resulta tener poderes curativos, con el cual muchos enfermos desahuciados han recuperado la salud.

Aunado a esto, como ya se mencionó en capítulos anteriores, el cuerpo incorrupto del padre Charbel transpiró, desde su muerte acontecida en 1898, agua con sangre por cada uno de sus poros. Este líquido se mezclaba con aceite de oliva y se entregaba a los devotos, quienes lo consideraban milagroso y con efectos curativos.

En 1965, año de la beatificación del padre Charbel, su cuerpo se comenzó a descomponer y dejó de transpirar el valioso líquido.

---

[31] No se olvide que en vida también realizó varios milagros.

Ante la insistencia de los fieles por obtener un poco de aquel aceite, los padres de la Orden Maronita desde hace años se han encargado de elaborar un aceite especial con los frutos de los olivos del monasterio de Annaya, lugar donde se encuentran los restos de San Charbel. El aceite es bendecido con una oración especial, e incluso algunas veces se pone en contacto con la tumba del santo.

Posteriormente es entregado a todo aquel que lo pide para solicitar un favor del santo o como sacramental para ungir a los enfermos.

El padre Rogelio Peralta Gómez sugiere que el empleo de este sacramental se realice con todo respeto, y lo más recomendable es que lo utilice un sacerdote a fin de no desvirtuar su uso cayendo en el fanatismo y en creencias mágicas o supersticiones que desvirtúen el verdadero significado del aceite bendito.

¿Qué es la Orden Libanesa Maronita?

revemente intentaremos dar una explicación del origen de la Orden Libanesa Maronita, para lo cual es necesario abordar un aspecto histórico de la Iglesia Católica Oriental. La Iglesia Católica tuvo su origen en Oriente,[32] y fue

---

[32] Antioquía es la ciudad de Oriente donde Pedro, el discípulo de Jesús, fundó la sede de la Iglesia Católica y apareció por primera vez el término "cristiano".

La Iglesia Católica Oriental tiene como antecedente la Iglesia Apostólica que evangelizó en el Oriente, no olvidemos que Jesús pidió a sus apóstoles que divulgaran su palabra por los diferentes pueblos y ciudades para que la gente se convirtiera en su discípula. Tres son los apóstoles que se considera establecen las bases de esta Iglesia: San Judas Tadeo que predicó y murió en Persia; San Pedro que estuvo en el territorio que actualmente pertenece a Irak, y Santo Tomás que estuvo en Jerusalén, la isla de Sócrota y Kerala (territorio de la India).

Lo más correcto es hablar de las Iglesias Católicas Orientales porque son las iglesias *cristianas* de Oriente que siempre han reconocido la autoridad del Papa, en Roma, razón por la cual son consideradas católicas y que, como características particulares, conservan su organización y ritos, así como la lengua en que celebran la liturgia, por ejemplo la liturgia Libanesa Maronita que utiliza la lengua de Jesucristo, el arameo y el siriaco.

ahí donde hacia los primeros siglos de nuestra era,[33] en particular el IV y V, comenzó a experimentar situaciones que ocasionaban escisiones tanto internas como externas. Muchos aspectos del catolicismo fueron criticados y atacados, los seguidores de esta religión sufrieron persecuciones y los más terribles martirios.

Uno de estos seguidores llamado Marón[34], convencido de sus creencias y dispuesto a defenderlas, se retiró a meditar y orar en una montaña cerca de Antioquía (Turquía). De esta manera predicó con el ejemplo, ya que su vida rodeada de humildad y carencias, junto con la entrega a Dios por medio de la oración atrajeron hacia él a varios discípulos a quienes enseñó una nueva forma de vida monacal, lo cual se convirtió en la principal característica de la Iglesia por él fundada: la Maronita, cuyo propósito principal es formar misioneros para divulgar la fe católica.

Marón murió en el año 410 y cerca de su tumba los maronitas fundaron el monasterio de San Marón

---

[33] Después de Cristo.
[34] Marón fundó la Iglesia Maronita entre los siglos IV y V. A pesar de haber sufrido las persecuciones de los monofisitas, bizantinos, turcos y mamelucos, entre otros, siempre ha permanecido en comunión con el Papa, la máxima autoridad de la Iglesia Católica.

(Mar Maroun), que llegó a albergar cerca de 800 monjes. En el año 517 los maronitas sufrieron una terrible persecución por defender el Concilio de Calcedonia que condenó el monofisismo y murieron 350 monjes. En 523 los monjes nuevamente fueron atacados por los minofisitas[35] y cansados de tanta agresión deciden abandonar el lugar y dirigirse a una montaña en el Líbano, sitio que consideraron seguro y que a partir de entonces se convirtió en el lugar de los maronitas. Ya establecidos ahí acogieron a quienes participaron en las cruzadas[36] e incluso participaron ferozmente en las luchas, siempre fortalecidos y respaldados en su fe.

Durante años, no hubo una reglamentación en la orden maronita, todo se regía por la tradición oral de los fundadores y cada quien se entregaba a Dios de la manera devota en que decidía que era lo mejor; los votos religiosos no se recibían canónicamente.

---

[35] Partidarios de una doctrina declarada por el Concilio de Calcedonia en el año 451 como herética, ya que sólo reconocía en Jesucristo la naturaleza divina.

[36] Fueron las expediciones realizadas por las tropas cristianas de Occidente, impulsadas por el Papa, con el fin de dar apoyo a los católicos del Oriente y recuperar el Santo Sepulcro que se encontraba en manos de los musulmanes.

Afortunadamente en 1695 Gabriel Haouwa, Abdallah Qaraali y Joseph Al Botn, tres monjes maronitas de Alepo, en Siria, se dieron a la tarea de agrupar a las comunidades maronitas en torno a ciertas reglas y un superior. Cuando presentaron su propuesta ante el patriarca maronita Al Douaihi, éste les autorizó llevar a cabo sus planes y en 1732 el papa Clemente XII aprobó oficialmente la regla de la orden maronita. Con esto se encaminan los objetivos de la orden: la búsqueda de una comunión perfecta con Dios y la santidad por medio de actividades misioneras y contemplativas.

Con el tiempo la Santa Sede, en Roma, comenzó a dar formación sacerdotal a los estudiantes eclesiásticos maronitas, quienes sin pretenderlo así divulgaron los conocimientos de Oriente a Europa Occidental, convirtiendo al Líbano en un importante centro tanto espiritual como cultural.

Uno de los principales objetivos de la Orden Libanesa Maronita fue rescatar al pueblo libanés de la miserable situación en que lo había sumido el largo periodo de feudalismo que había regido en Turquía. Por esto, los monjes maronitas no sólo cumplían con sus obligaciones religiosas y espirituales; a la par de sus actividades apostólicas y su entrega a Dios se encargaron de realizar con maestría las artes y oficios dentro y fuera de los monasterios. Trasmitieron sus conocimientos para formar obreros y campesinos entre la gente de los pueblos aledaños a los conventos. Muchas veces inventaron técnicas de trabajo que se adaptaran a las difíciles características de esas rocosas tierras libanesas que contadas veces gozaban del agua de lluvia.

Es indudable que los maronitas tuvieron una importante participación en la dignificación del pueblo libanés al impulsarlo científica, tecnológica y religiosamente a salir del pozo y la humillación que por siglos había experimentado.

Aunque la mayor parte de las comunidades maronitas se encuentran agrupadas en dos países: Siria y Líbano, por haber surgido en esa región, ya se han extendido hacia otros países de Europa y América.

Sin embargo, pese a las distancias, culturas y lenguas tan diversas, todos los miembros de la Orden Libanesa Maronita reconocen a un representante que funge como "Patriarca de Antioquía", cuya sede se encuentra en Bkerke, Líbano.

Antigua iglesia parroquial de Nuestra Señora de Balvanera

Actual
Catedral Maronita de México

Prácticamente a la par de la conquista española se dio inicio al proceso de evangelización de los naturales del Nuevo Mundo.

Como parte de ese proceso arribaron a la Nueva España frailes y monjas de diversas órdenes católicas y se establecieron conventos e iglesias.

Una de estas órdenes, procedentes de la Madre Patria, fue la de los Concepcionistas que se encargó de fundar el convento de la Balvanera dedicado a Jesús de la Penitencia, que se ubicaba entre Uruguay y Correo Mayor.

Posteriormente el convento se demolió por causas que se desconocen, dando paso a uno nuevo cuyos trabajos de construcción iniciaron el 3 de mayo de 1667 y concluyeron el 21 de noviembre de 1671.

Para 1861 las monjas de este convento fueron trasladadas al de San Jerónimo pues se pretendía dividir la construcción y conservar únicamente la iglesia, lo cual se llevó a cabo en 1867.

La arquitectura de la iglesia era de estilo barroco y la única torre que tenía estaba recubierta de azulejos estilo mudéjar y conformada por dos cuerpos. A diferencia de la mayoría de las iglesias de la época, ésta no tenía cúpula y su campanario mostraba gran influencia oriental. La fachada principal era sencilla y tenía contrafuertes.

En 1928 se inició el proyecto de terminar la demolición de lo que quedaba del convento —lo que se realizaría al siguiente año—, y se pusieron a subasta varios objetos de esta iglesia, razón por la cual se conoce un poco de éstos y del interior del inmueble: el altar mayor, construido de piedra, tenía en el centro a la Virgen de Balvanera, abrazando a un niño; ella tenía un vestido azul y una corona de metal. Al lado de esta se encontraba otra escultura, la del Sagrado Corazón de Jesús vistiendo un manto de seda blanco.

En el altar de San Francisco había dos esculturas más de las vírgenes de la Soledad y de Lourdes.

En otra parte de la iglesia se encontraba un altar de madera de cedro dedicado a San José y una escultura de San Antonio. Además podía observarse una pintura al óleo de la Virgen de Guadalupe y un cromo de Santa Teresa de Jesús.

De cada una de las esculturas pendían "milagritos" de oro o plata, unos más que otros pero al parecer todos tenían sus fieles.

Para la primera mitad del siglo xx México experimentó inmigración sirio-libanesa católica que se asentó como colonia en este país.

En 1939 los miembros de esta colonia comenzaron a acudir a la iglesia de Nuestra Señora de Balvanera por lo accesible de la ubicación, pues varios de ellos eran comerciantes de telas y sus negocios se encontraban en los alrededores del templo. Éste fue el primer lugar donde se colocó una escultura de San Charbel, lo que junto con la devoción que los libaneses le mostraban ayudó a que se popularizara con cierta rapidez no sólo entre los integrantes de esta comunidad sino también entre los mexicanos.

Para 1996 las autoridades eclesiásticas designaron Catedral Maronita de México y Santuario de San Charbel a la iglesia parroquial de Nuestra Señora de Balvanera.

Los tradicionales listones de San Charbel

Como se mencionó anteriormente, la antes iglesia de Nuestra Señora de Balvanera, se encuentra en pleno centro de la ciudad de México y está rodeada de gran cantidad de mercerías y negocios de tela.

Un día una mujer fue a hacer algunas compras a aquella zona y al pasar frente a la iglesia decidió entrar. Se encontraba desesperada por una enfermedad que la aquejaba y le pidió a Dios que la curara; mas de pronto descubrió la escultura de San Charbel y se encomendó a él para que intercediera por ella ante Dios y le permitiera recuperar la salud.

Rezó con gran fervor ante la imagen de San Charbel, pero para asegurarse de que a él no se le olvidara el favor que le estaba pidiendo decidió dejarle la petición por escrito, pues a diferencia de otras esculturas de santos o vírgenes que tenían ropa de tela de la cual se podían colgar los "milagritos", el cuerpo y ropa de San Charbel estaba fabricado con material duro; así que buscó entre sus cosas algo para dejarle una nota y lo único que encontró fue un rollo de listón que acababa de comprar.

Sin dudar, la mujer cortó un pedazo de ese listón, con un bolígrafo anotó el favor que solicitaba y aprovechó la posición de los brazos abiertos y extendidos del santo para colgar de uno de ellos el listón. A los pocos días la mujer regresó y anotó en otro pedazo de listón su agradecimiento al santo por haberla escuchado y, nuevamente, lo colgó de uno de sus brazos.

De aquí surge la práctica de anotar en listones las peticiones y agradecimientos a San Charbel y dejárselos colgados; se trata de una costumbre meramente mexicana pues en ningún otro sitio se hacía, aunque a últimas fechas ya se realiza en otros lugares.

Respecto al significado de los colores de los listones no hay una regla eclesiástica que sugiera su uso, puesto que se trata de una costumbre popular, cada quien puede elegir el que más le agrade para hacer la petición pero se suele utilizar el blanco para agradecer. Y pese a que las autoridades eclesiásticas no lo prohíben, sí aconsejan que debe evitar caerse en la superstición ya que no se trata de amuletos.

De cualquier manera en la bibliografía consultada sobre este santo se hace referencia a dos listas diferentes sobre el significado de los colores, mismas que a continuación se presentan.

- **Azul** para los enfermos.

- **Amarillo** para el trabajo y el estudio.

- **Naranja** para los niños, embarazos con riesgo y personas estériles.

- **Blanco** para los vicios.

- **Rojo** para los matrimonios y novios.[37]

---

[37] Alberto P. Meouchi, *op. cit.*, p. 36.

En la segunda lista de colores el significado es el siguiente:

- **Azul** para la fuerza, poder, protección y la voluntad divina.

- **Dorado** para pedir iluminación: amor por los seres queridos y por la paz mundial.

- **Rosa** para el amor: amor divino de la adoración y reconciliaciones.

- **Blanco** para la recuperación de la salud, problemas de enfermedades y para la pureza.

- **Verde** para el trabajo, para la concentración, curación mental, esperanza, fe (*sic*).

- **Rojo** para pedir provisiones, dinero, trabajo y situaciones difíciles de solucionar en cuestiones de dinero o negocios.

- **Violeta** para la misericordia, perdón, cambios, meditación, purificación, transmutación.

- **Amarillo** para la paz, el equilibrio, sabiduría, fuerza mental de intuición, calmar tensiones y transmutación.

- **Morado** para limpiar la energía de vibraciones negativas: brujerías, envidias, y transmutación de lo malo en bueno.[38]

El párroco del Santuario de San Charbel, Rogelio Peralta Gómez, sugiere que para hacer una petición se anote en el listón la siguiente oración:

San Charbel, yo deseo (se escribe la petición) en armonía para todo el mundo y de acuerdo con la voluntad divina. Bajo la gracia y de manera perfecta. Gracias, Dios mío, gracias San Charbel, que ya está todo hecho.[39]

---

[38] Rogelio Peralta Gómez, *op. cit.*, p. 101.
[39] Ibid., p. 109.

Testimonios

Existen muchos casos de milagros realizados por San Charbel alrededor del mundo. Aquí se presentan dos de los sucedidos en México.

Recuperación milagrosa de un hombre desahuciado[40]

El señor Rodolfo Falcón Vázquez fue diagnosticado con cirrosis hepática. Su salud fue mermando rápidamente hasta que en 2002, cuando tenía 58 años de edad, su estado de salud empeoró al comenzar a presentar hemorragias por nariz, boca y ano.

---

[40] Agradezco a Omar y a la familia Falcón Vázquez por compartir este testimonio.

Al ser incontrolables los vómitos de sangre la familia del señor Falcón lo llevó al hospital, donde entró en coma y fue conducido al área de terapia intensiva. Ahí los médicos tuvieron que romperle tres dientes al enfermo para poder introducirle una sonda y entubarlo.

Se informó a la familia que el señor no se recuperaría, ya que además de la insuficiencia hepática que le había provocado el coma presentaba otro tipo de complicaciones; sin embargo, harían todo lo que estuviera en sus manos.

Aunque el diagnóstico fue fulminante para los parientes hubo alguien que no perdió las esperanzas: la señora Irma, hermana de Rodolfo.

—Toma, rézale a San Charbel y vamos a encomendarle a mi hermano —dijo entregándole una imagen con oración a Graciela López, su cuñada—. Por medio de él Dios lo va a salvar.

La esposa de Rodolfo recibió la estampita, y aunque era la primera vez que sabía de ese santo le rezó con mucha fe, una fe que le transmitió su cuñada, quien confiaba en que todo saldría bien.

Irma entregó a su cuñada un libro sobre San Charbel y sin entender por qué, pese a la gravedad de Rodolfo, las comenzó a inundar la calma, misma que ni los médicos pudieron opacar pese a recomendar a la familia que iniciara los trámites funerarios puesto que un enfermo en coma, en las condiciones en que se encontraba Rodolfo, era imposible que sobreviviera.

Al estar en terapia intensiva era necesario que Rodolfo estuviera acompañado las 24 horas por un familiar y, aunque no fueron las únicas, Irma y Graciela trataron de estar el mayor tiempo posible a su lado.

—Para que lo proteja, voy a colocarle a mi hermano una imagen de San Charbel en la cabecera —comentó Irma a su cuñada.

Pasaron cuatro días que transcurrieron como una eternidad para la familia Falcón, hasta que por fin Rodolfo despertó del coma y, ante la sorpresa de médicos y enfermeros, comenzó una rápida recuperación.

—Quiero ver al doctor de barba para agradecerle que me haya curado —dijo Rodolfo a su esposa, quien al instante sintió que un escalofrío le recorría por todo el cuerpo.

Ante la sorpresiva petición de Rodolfo, y sin querer contradecirlo acudió a preguntar si había algún doctor con las características que daba su esposo.

—No hay ningún doctor de barba aquí y ningún extraño puede entrar al hospital, ¡y menos al área de terapia intensiva! —respondieron los enfermeros a la mujer, quienes se quedaron tan sorprendidos como ella, sólo que Graciela sí tenía una explicación de lo que sucedía y hasta sabía de quién se trataba, no cabía duda; ¡era un milagro de San Charbel!

Cuando le informaron a Rodolfo que ningún médico se parecía al que él buscaba le pareció extraño.

—Mientras estuve en coma no sentí ni escuché nada —comentó a su familia—, ni cuenta me di de que me rompieron tres dientes para entubarme. Sólo recuerdo que soñaba con caricaturas. Pero un día vino a verme un doctor con bata blanca y barba oscura, yo creo que fue un enviado de Dios que me dijo, mientras me tocaba la cabeza, así como cuando uno les toca la frente a los niños: "No te preocupes, Rodolfo, vas a estar bien, yo voy a estar contigo y vas a sanar". Y ahí estaba, parado a la derecha a la altura de la cabecera, luego me dijo: "Después nos vemos", entonces desperté del coma.

—Desde ese momento supe que ese doctor no era otro más que San Charbel, pues habíamos hablado con todos los médicos que habían atendido a mi esposo durante el coma y ninguno tenía barba —comentó Graciela.

Por su parte, los enfermeros que habían estado al pendiente de Rodolfo y que se habían enterado del doctor de barba, pidieron a su familia que les llevaran estampitas de San Charbel, pues luego de haber atendido a ese hombre que había estado al borde de la muerte y verlo ahora convaleciente no podía ser explicado más que como un milagro. Una vez que dieron de alta a Rodolfo, los médicos dijeron a su esposa que esperara lo peor, pues un enfermo de cirrosis no se recuperaba y al poco tiempo sobrevenía el desenlace final.

Para fortuna de la familia Falcón eso no sucedió, al contrario, tiempo después acudieron a Irapuato a consultar a un gastroenterólogo que un cuñado de Rodolfo les recomendó y tras seguir una serie de tratamientos, él no ha vuelto a presentar problemas de salud a causa del padecimiento que lo puso en coma.

Actualmente, el señor Rodolfo tiene 66 años de edad; aunque ha presentado algunas enfermedades, no han sido graves y su calidad de vida es buena.

—Yo no conocía a San Charbel, y aunque el doctor que vi tenía barba oscura, tal vez como la de Jesucristo, estoy seguro de que lo mío fue un milagro, y aunque muchos se burlen de lo que digo estoy seguro de que eso fue —aseveró Rodolfo.

Irma está feliz y agradecida con su santo, al igual que el resto de la familia Falcón. Graciela por su parte sabe que de no ser por su cuñada tal vez no habría conocido a San Charbel.

Desaparece la leucemia[41]

Yolanda es una mujer que ha tenido una vida difícil.

Cuando era una niña de apenas cinco años de edad quedó huérfana y bajo el cuidado de su abuela, pese a que sus padrinos de confirmación siempre quisieron que viviera con ellos.

La vida al lado de su abuela estuvo rodeada de limitaciones pero logró salir adelante.

---

[41] Los nombres reales de las personas involucradas en este testimonio han sido cambiados.

El tiempo transcurrió, Yolanda se casó y tuvo un hijo, Carlos, que en vez de darle una vida más tranquila se la complicaría.

Carlos tuvo tres hijos pero su esposa lo abandonó y él dejó a los niños a cargo de su madre, quien para entonces había enviudado.

Aunque Yolanda no consideraba una carga a esos niños sí le resultaba complicado mantenerlos, pues ella era pobre y no tenía el apoyo de su hijo.

Fue tanta la presión que sentía la mujer que acudía con sus familiares para obtener un poco de ayuda. Y justo sus padrinos de confirmación fueron los que siempre la apoyaron ya fuera económicamente o dándole ropa en buen estado para que la usaran ella y los niños o para que la vendiera.

Sin embargo, ante tantas preocupaciones la salud de Yolanda comenzó a mermar. Ella consideraba que no era nada de importancia, además no podía darse el lujo de enfermarse, puesto que era la responsable de cuidar a dos niños de 12 y 7 años y una niña de 10.

Pero Yolanda cada vez estaba peor y tuvo que acudir al médico, quien tras hacerle una gran cantidad de exámenes le dio el diagnóstico:

—Señora, tiene leucemia.

—¿Eso es grave? —preguntó ingenuamente.

—Lo siento, es cáncer en la sangre —y tratando de ser lo menos duro posible el médico agregó—, es necesario que saquemos líquido de la médula espinal, que realicemos transfusiones y apliquemos quimioterapia.

Yolanda sabía que ésa era la única manera de salvar la vida, una vida que no sólo debía importarle por ella, puesto que no podía olvidar que era la encargada de velar por sus nietos que aún eran muy pequeños.

Decidió someterse al tratamiento que el especialista le había prescrito y además del malestar propio de la enfermedad tuvo que soportar los efectos secundarios de la quimioterapia: vómitos, mareos, debilidad.

No podría con eso, ya que al sentirse tan mal no podía estar al pendiente de sus niños ni trabajar.

Fue entonces que le recomendaron que acudiera a la iglesia de Uruguay y Correo Mayor a visitar a San Charbel y que con mucha fe le pidiera que Dios le devolviera la salud.

Yolanda se enteró de que era un santo muy milagroso y, ella que era católica, no dudó ni un momento; así que acudió a visitarlo y a suplicarle que la ayudara.

Poco después Yolanda comenzó a sentirse mejor a pesar de no haber continuado con el tratamiento y los medicamentos prescritos. Sin embargo, días después decidió acudir de nuevo a consulta con su médico.

—Es sorprendente —comentó éste—, el cáncer era muy agresivo y estaba en una etapa avanzada, increíblemente, ha desaparecido.

A la fecha, Yolanda lleva una vida más tranquila, llena de paz y agradecimiento a San Charbel, el mejor médico que pudo haber consultado.

Devocionario

Oración a San Charbel

¡Oh, San Charbel!, fiel amigo de Dios,
que pasaste tu vida en el silencio, fidelidad
y alegría profunda en unión al Verbo Encarnado,
haciendo de ti una oblación total al Padre de la
salvación de tu alma y la redención del mundo.

Te pedimos intercedas por nosotros ante la
Santísima Trinidad para que nos extienda su mano
y nos conceda la gracia (haga aquí su petición),
que le imploramos por tu mediación.

Para que juntos, al Dios que es bueno
y misericordioso le alabemos y le demos gracias
ahora y por siempre. Amén.

Catedral Maronita. Templo de Nuestra Señora de Balvanera.
Santuario de San Charbel. Correo Mayor núm. 65
esquina Uruguay, Col. Centro, México, D.F.
Tel. 55-21-20-11

Oración a San Charbel

Dios infinitamente glorificado por tus santos,
tú que inspiraste a San Charbel para llevar una vida
de unión perfecta con tu Hijo Jesucristo,
según el Evangelio y con el heroísmo
de las virtudes monásticas, pobreza,
obediencia y castidad, concédenos,
te rogamos, la gracia de amarte
y servirte siguiendo su ejemplo.

Señor Dios Todopoderoso, Tú que has
manifestado el poder de la intercesión
de San Charbel a través de sus numerosos
milagros y favores, como la conversión
de los alejados, la curación de los perturbados,
ciegos y paralíticos, concédenos hoy la gracia (…)
que por su intercesión te imploramos. Amén

Oración a San Charbel

¡Oh!, santo venerado! Tú que pasaste tu vida
en la soledad, en una ermita humilde y retirada.
Que no pensaste en el mundo ni en sus goces.
Que ahora estás sentado a la diestra de Dios Padre.

Te pedimos que intercedas por nosotros,
para que Él nos extienda
su bendita mano y nos socorra.

Ilumina nuestra mente. Aumenta nuestra fe.
Fortifica nuestra voluntad para proseguir nuestras
oraciones y súplicas ante ti y todos los santos.

¡Oh, San Charbel! Que haces milagros
y realizas prodigios sobrenaturales.
Que curas a los enfermos y devuelves la razón
a los perturbados. Que devuelves la vista
a los ciegos y el movimiento a los paralíticos.
Míranos con piedad y otórganos la gracia
que te imploramos y ayúdanos
para hacer el bien y evitar el mal.

Pedimos tu intercesión en todos los momentos
y, sobre todo, en la hora de nuestra muerte. Amén.

San Charbel, ruega por nosotros.

(Padrenuestro, Avemaría y Gloria.)

Oración de los secuestrados

Oh, Dios Todopoderoso y lleno de misericordia,
estamos angustiados y asustados por el execrable
crimen del secuestro de que ha sido víctima
nuestro hermano (nombre del secuestrado).
Por intercesión de San Charbel, patrón
de los que sufren y protector de los afligidos,
te pedimos por (nombre del secuestrado)
para que lo libres de todo daño
y que lo antes posible lo dejen en libertad.

Oh, San Charbel, mira nuestros corazones
angustiados, y ahora que tú estás en presencia
de Dios, intercede por nosotros en esta tremenda
aflicción, confiados en que jamás se ha oído
decir que quien haya acudido a ti y a la
Santa Virgen María, haya sido desamparado.

San Charbel, ruega por
(nombre del secuestrado),
para que no le hagan daño.

San Charbel, ruega por
(nombre del secuestrado),
para que esté con buen ánimo.

San Charbel, ruega por
(nombre del secuestrado),
para que alcance su liberación.

Te lo pedimos para gloria de la Santísima
Trinidad: Padre, Hijo y Espíritu Santo
y para la salvación de nuestra alma. Amén.

Jesús, José y María, te doy el corazón y
el alma mía. (Padrenuestro, Avemaría y Gloria.)

San Charbel, amigo de Dios, ruega por nosotros.
Que la bendición de Dios nos dé la paz a nuestros
corazones y santidad a nuestra vida. Así sea.

Jesús, José y María, te doy el corazón y el alma mía.
(Padrenuestro, Avemaría y Gloria.)
San Charbel, amigo de Dios,
ruega por nosotros.

(Padrenuestro, Avemaría y Gloria.)

San Charbel, amigo de Dios,
ruega por nosotros.

Oración del comerciante

¡Oh, Señor! Dios nuestro, fuente de todo bien,
acepta nuestra Acción de Gracias por
los beneficios que nos has concedido.

Por intercesión de San Charbel,
bendice y santifica este comercio.
Protégelo de todo perjuicio y daño;
aleja las pruebas y los apuros,
ilumina nuestras iniciativas y proyectos,
multiplica nuestros intereses y posesiones.

Que el santo hábito del ermitaño
sea muro de protección contra la envidia
y toda lengua que hable mal; nos cubra
de toda enfermedad para trabajar sanos
y alegres, abundemos en buenas obras
y limosnas; para dar Gloria al Padre,
ahora y por los siglos de los siglos. Amén.

Oración del enfermo

Tú, Señor, que no quieres la muerte del pecador, sino que se arrepienta y viva, dígnate a aceptar los sufrimientos y la angustia de tu hijo(a) (nombre) afligido(a) por la enfermedad (…).

Por intercesión de San Charbel, apóstol de los enfermos, concédenos valor y paciencia en la enfermedad; y si es tu voluntad, otórganos la salud del alma y del cuerpo, manifestando tu poder, amor y compasión.

Para que sano y alegre cumpla tus mandamientos y proclame tus maravillas.

¡Oh, Señor! Dios nuestro, a ti sea la gloria ahora y por los siglos de los siglos. Amén.

(Padrenuestro, Avemaría y Gloria.)

Oración del estudiante

San Charbel, te pedimos intercedas
por nosotros ante Dios, fuente de la sabiduría,
principio supremo de todas las cosas.

Derrama tu luz en mi inteligencia
y aleja de ella las tinieblas del pecado
y de la ignorancia.

Concédeme penetración para entender,
memoria para retener, método para aprender
y lucidez para interpretar y expresarme.

Ayúdame al comienzo de mi trabajo,
dirige su progreso, corona sin fin,
por Cristo nuestro Señor. Amén.

(Padrenuestro, Avemaría y Gloria.)

Oración del viajero
(Chofer y automovilista)

Señor, tú que dijiste a tus discípulos:

"Yo estaré siempre con ustedes hasta el fin
del mundo" (Mateo 28/20), dígnate acompañarme
en mi viaje, para que retorne sano y salvo a mi
familia y juntos nos alegremos en tu nombre.

Ven con nosotros, ¡oh, camino de la vida!,
y por intercesión de San Charbel, tu apóstol
y misionero, sé lámpara de mis pasos
y luz de nuestras sendas.

Que tus ángeles guíen nuestros caminos,
dirijan nuestros pasos y nos guarden
y salven de todo accidente y desgracia en tierra,
mar y aire, a los que viajamos y concedan
protección a los que se quedan.

A ti, Señor, Dios nuestro, sea la gloria
ahora y por los siglos de los siglos. Amén.

Oración en los vicios

Oh, Dios Todopoderoso, que das fuerza
a los débiles y atiendes las súplicas de todos
los que te invocan, concédeme, por la intercesión
de San Charbel, la firme resolución de alejarme
del vicio (nombrar el tipo de vicio en que
se incurre: alcohol, juego, droga, sexo, etcétera.)
que perturba mi corazón y causa tanto
sufrimiento en mí y en mi prójimo.

Oh, Dios infinitamente bueno, líbrame
por intercesión de San Charbel de las trampas
y engaños de este vicio, para gloria tuya,
para el bien de mi alma y cuerpo
y para el bienestar de mi familia. Amén.

(Padrenuestro, Avemaría y Gloria)

San Charbel, amigo de Dios,
ruega por nosotros.

Oración para conservar el trabajo

Acuérdate, San Charbel, que tú siempre
has ayudado y consolado a quienes
te han invocado en sus necesidades.

Bendice mi trabajo, que lo conserve a pesar
de las circunstancias que se presentan,
dame inteligencia para poder resolver
mis actividades con todo éxito ante
mis superiores y personas que me rodean.

Gracias por este trabajo diario
para el progreso de mi familia.

Te pedimos a ti que nos amas
y vives por los siglos de los siglos. Amén.

Oración por los difuntos

Oh, Señor, clemente y rico en misericordia,
tú que no quieres la muerte del pecador
sino que se arrepienta y viva, te pedimos
en esta oración que, por intercesión
de San Charbel, tengas piedad de las ánimas

benditas del purgatorio, les perdones sus deudas
y las saques de las tinieblas para que lleguen
a la admirable luz de tu gloria y gocen
de tu dulcísima mirada. Te pedimos por todos
los que han muerto, especialmente
por (nombre de los difuntos), y ponemos
a San Charbel como nuestro intercesor. Amén.

(Padrenuestro, Avemaría y Gloria)

San Charbel, amigo de Dios,
ruega por nuestros difuntos.

Descansen en paz. Así sea.

Oración por los presos

Oh, Dios, infinitamente santo y glorificado
en medio de tus santos, Tú que has concedido
a San Charbel ser preso de tu amor te pedimos,
por su intercesión, para que todos
los que se encuentren privados de su libertad
alcancen santidad de vida, reciban una justa
sentencia y una pronta recuperación.

Te pedimos por cuantos sufren injusticias
y por quienes las cometen, a fin de que se
arrepientan y reparen sus daños.

Oh, San Charbel, preso del amor divino,
intercede por mí ante Dios nuestro Señor
en ésta mi necesidad (haga su petición). Amén.

(Padrenuestro, Avemaría y Gloria)

San Charbel, amigo de Dios,
ruega por nosotros.

Triduo a San Charbel[42]

(Consiste en rezarlo durante tres días seguidos, preferentemente ante una imagen del santo con confianza
y devoción.)

Gloria al Padre, al Hijo y al Espíritu Santo,
ahora y por siempre. Amín.[43]

---

[42] Tomado íntegramente de R.P. Rogelio Peralta Gómez, *op. cit.*, México,
2009, pp. 41-46.
[43] La Orden Libanesa Maronita conserva el término en arameo "**amín**" a diferencia de la Iglesia Católica Romana que emplea "**amén**".

Oración del perdón

Gloria, adoración y acción
de gracias al Padre Misericordioso
que se regocija con el regreso
del hijo pródigo; Señor limpia nuestras
conciencias y purifica nuestros corazones
y danos la gracia de alejarnos
del pecado a fin de alabarte dignamente
ahora y por los siglos de los siglos. Amén.

Oración del incienso

Acepta, Señor, este incienso que quemamos
en tu honor. Todas las criaturas son reflejo
de tu divino amor y nos llevan
a tu conocimiento. No permitas que
nuestros corazones queden aprisionados
por ellas, pues nos has hecho para ti
y nuestras almas no encontrarán regocijo,
consolación y paz fuera de Ti. Amén.

Trisagio

¡Santo Dios,

santo Fuerte,

santo Inmortal!

—Ten piedad de nosotros

(decir tres veces).

Oración para todos los días

San Charbel, alma ardiente y generosa,

por el amor profundo que manifestaste

a las Sagradas Escrituras y a la Eucaristía,

por tu total oblación al Padre te pido alcances,

con tu intercesión, aquellos favores

que han experimentado tus devotos,

y me ayudes a conservarme libre de todo

pecado para mayor gloria de Dios. Amén.

Secuencia de cada día

Rezar la oración del día. Hacer la petición de lo que desea. Rezar Padrenuestro, Avemaría y Gloria (tres veces seguidas). Decir el *Fetghomo*:[44]

"San Charbel, amigo de Dios,
socórreme en esta necesidad".

Oración para el primer día

San Charbel, tú que dócilmente acudiste
al llamado de Jesucristo y supiste renunciar
a todo lo del mundo para seguirlo,
haz que siguiendo tu ejemplo sepamos seguir
las inspiraciones del Espíritu Santo
y vivir siempre la práctica de nuestra doctrina
cristiana hasta el fin de nuestra vida. Amén.

---

[44] El *Fetghomo* es una jaculatoria, una oración breve.

Oración para el segundo día

San Charbel, siervo sediento de la palabra
de Dios, tú que supiste entenderlo
y hacer de ello fuente de vida espiritual,
luz y verdad; haz que por la palabra viva,
y según tu ejemplo, renovemos nuestras vidas para
dar abundantes y buenos frutos de santidad. Amén.

(Se reza todo como el primer día.)

Oración para el tercer día

Generoso San Charbel que seguiste el ejemplo
de tu Divino Maestro y te ofreciste a Dios
por amor en holocausto pleno, hasta convertirte
en hostia viva, haz que amemos al Santísimo
Sacramento y nos distingamos por una profunda
caridad a los demás. Amén.

(Se reza todo como el primer día.)

Oración final

¡Oh, eremita santo! canal abundante
de la misericordia divina, humildemente
imploro tu intercesión para que ruegues
al Padre por mí, y a través de tu patrocinio
especial, me socorra visible y, prontamente,
reciba los consuelos del cielo en mis necesidades,
tribulaciones, enfermedades y sufrimientos.
Para que a través de ti alabemos
y demos gracias al Padre por siempre. Amén.

Cuarentena en honor a San Charbel [45]

Gloria al Padre, al Hijo y al Espíritu Santo,
ahora y por siempre. Amén.

---

[45] Se reza durante cuarenta días junto con un Padrenuestro el primer día, dos Padrenuestros el segundo y así sucesivamente hasta completar cuarenta Padrenuestros. R.P. Rogelio Peralta Gómez, *San Charbel, amigo de Dios. Vida, devociones y sacramentales*, México, 2009, pp. 49-50.

Oración del perdón

Gloria, adoración y acción de gracias
al Dios compasivo, que desea la conversión
de los pecadores, porque nos ama
y acepta nuestro arrepentimiento;
Señor permítenos caminar con vida intachable
todos los días y por siempre. Amén.

Oración petitoria

San Charbel, maravilla viva de la Gracia Trinitaria,
el Señor ha hecho de ti un faro luminoso
para su Iglesia. Recurro a ti, para que presentes
a nuestro Señor mi petición y si es su voluntad
consiga lo que le pido. Amén.

(Aquí haga su petición y rece los Padrenuestros
correspondientes de cada día.)

Fetghomo

San Charbel, fuente que mitigas toda sed.
Gloria del cielo y alegría de la tierra.

Oración final

¡Oh, Dios, Tú que te has dignado alegrar
al mundo con la resurrección de tu
Hijo Jesucristo, y a tu Iglesia con la presencia
de tus santos, te imploramos por mediación
de tu siervo fiel San Charbel
que nos llenes de tus bendiciones.

Te prometo, eremita santo, proclamar
las maravillas de Dios y acordarme
de tus favores y nunca dejar de honrarte
como a mi especial y poderoso protector
y hacer todo lo que pueda por extender
tu devoción. Amén.

Rosario a San Charbel [46]

Preferentemente rezarlo los días martes,
día de la semana que la liturgia maronita
celebra a los sacerdotes, justos, monjes,
ermitaños y confesores. Conviene rezarlo
ante la imagen de San Charbel con gran
devoción pues, por medio de él, muchos
devotos han obtenido extraordinarios milagros
en casos extremadamente difíciles.

Gloria al Padre, al Hijo y al Espíritu Santo,
ahora y por siempre. Amén.

Oración del incienso

Acepta, Señor, este incienso que quemamos
en tu honor. Todas las criaturas son reflejo
de tu divino amor y nos llevan a tu conocimiento.
No permitas que nuestros corazones queden

---

[46] R.P. Rogelio Peralta Gómez, *San Charbel, amigo de Dios. Vida, devociones y sacramentales,* México, 2009, pp. 51-57.

aprisionados por ellas, pues nos has hecho
para Ti y nuestras almas no encontrarán
regocijo, consolación y paz fuera de Ti. Amén.

Trisagio

¡Santo Dios,
santo Fuerte,
santo Inmortal!
Ten piedad de nosotros (decir tres veces).

Oración el perdón

Gloria, adoración y acción de gracias
al Altísimo que se anonadó para salvar nuestra
raza humana, el Dios que se hizo hombre
para rescatarnos, nos muestre su misericordia
y tenga compasión hoy y siempre. Amén.

Forma de rezarlo

En las cuentas grandes: Padrenuestro… En las cuentas
chicas: San Charbel, amigo de Dios, acude a nuestra
ayuda.

Letanía de San Charbel

Señor, ten piedad   Señor, ten piedad

Cristo, ten piedad   Cristo, ten piedad

Señor, ten piedad   Señor, ten piedad

Cristo, óyenos   Cristo, óyenos

Cristo, escúchanos   Cristo, escúchanos

Dios Padre Celestial   Ten piedad de nosotros

Dios Hijo, Redentor del Mundo   Ten piedad de nosotros

Dios Espíritu Santo   Ten piedad de nosotros

Santísima Trinidad, que eres un solo Dios   Ten piedad de nosotros

San Charbel   Ruega por nosotros

Fiel amigo de Dios   Ruega por nosotros

Maravilla viva de la gracia trinitaria   Ruega por nosotros

Héroe de piedad, trabajo y amor	Ruega por nosotros
Fuente pura que mitigas toda sed	Ruega por nosotros
Medicina de cuerpos y almas	Ruega por nosotros
Canal abundante de la misericordia divina	Ruega por nosotros
Eremita famoso por tus milagros	Ruega por nosotros
Tú que supiste renunciar a todas las riquezas de este mundo	Ruega por nosotros
Dócil cordero con un corazón lleno de compasión	Ruega por nosotros
Perfume precioso que aromatiza el mundo	Ruega por nosotros
Siervo del Santísimo Sacramento y de la bendita madre de Dios	Ruega por nosotros

Dador generoso,
    que llenas la creación
    con bendiciones

Ruega por nosotros

Fragante incienso
    de los cedros del
    Líbano

Ruega por nosotros

Faro que ilumina
    la Iglesia de Dios

Ruega por nosotros

Luz gloriosa,
    resplandeciente
    en tu sepulcro

Ruega por nosotros

Tú que intercedes por
    todos los fieles
    e infieles

Ruega por nosotros

Castidad y obediencia
    sobre toda alabanza

Ruega por nosotros

Amigo de niños y
    ancianos, pobres y
    ricos, justos y pecadores,
    sanos y enfermos

Ruega por nosotros

Ejemplo de pobreza, aceptando y amando todas las privaciones	Ruega por nosotros
Voz que clama para despertar las conciencias	Ruega por nosotros
Corona preciosa de los institutos religiosos	Ruega por nosotros
San Charbel, nuestro modelo y tesoro por siempre	Ruega por nosotros
Cordero de Dios, que quitas los pecados del mundo	Perdónanos, Señor
Cordero de Dios, que quitas los pecados del mundo	Escúchanos, Señor
Cordero de Dios, que quitas los pecados del mundo	Ten piedad de nosotros

Oración final

¡Oh, San Charbel!, fiel amigo de Dios,
que pasaste tu vida en el silencio, fidelidad
y alegría profunda en unión al Verbo Encarnado,
haciendo de ti una oblación total al Padre para
la salvación de tu alma y la redención del mundo.

Te pedimos intercedas por nosotros ante
la Santísima Trinidad para que nos extienda
su mano y nos conceda la gracia (haga
aquí la petición), que le imploramos por tu
mediación. Para que juntos, al Dios que es
bueno y misericordioso le alabemos y le demos
gracias ahora y por siempre. Amén."

Coronilla a San Charbel [47]

Está compuesta por varios grupos de cuentas. En la primera cuenta blanca se va a rezar la siguiente plegaria:

---

[47] R.P. Rogelio Peralta Gómez, *San Charbel, amigo de Dios. Vida, devociones y sacramentales*, México, 2009, pp. 59-63.

Plegaria al Padre de la Verdad

Padre de la Verdad, he aquí a tu Hijo,
víctima agradable a ti. Acéptalo, Padre,
ya que ha muerto por mí. He aquí su sangre
derramada en el Gólgota por mi salvación.
Ella clama por mí. Por sus méritos acepta mi
oblación. Siendo tantos mis pecados mucho
más grande es tu misericordia.

Cuando es puesta en una balanza,
tu misericordia sobrepasa el peso de los grandes
montes, ésos que sólo tú conoces. Considera el
pecado y considera la propiciación; el sacrificio de
la víctima excede a las deudas. Tu amado Hijo sufrió
los clavos y la lanza por mis pecados, por lo tanto
con sus sufrimientos satisface mi deuda y me da vida.

Gloria al Padre que envió a su Hijo por causa
nuestra. Adoración al Hijo que a todos redimió
por su crucifixión. Alabanza al Espíritu por
quien fue consumado el misterio de nuestra
salvación. Bendito sea quien nos vivificó,
por su amor: ¡A Él sea la gloria!

- En la cuenta negra se debe recitar un Padrenuestro.

- Con el primer grupo de cuentas rojas se deben rezar tres Avemarías, y al final se dice:

En honor a la fidelidad

de San Charbel a su voto de pobreza.

- Con la cuenta negra se reza un Padrenuestro.

- Con el segundo grupo de cuentas rojas se deben rezar tres avemarías, y al final se dice:

En honor a la fidelidad de San Charbel

a su voto de castidad.

- Con la cuenta negra se reza un Padrenuestro.

- Con el tercer grupo de cuentas rojas se deben rezar tres Avemarías, y al final se dice:

En honor a la fidelidad de San Charbel

a su voto de obediencia.

- Con la cuenta negra se reza un Padrenuestro.

- Con las cuentas blancas se deben rezar tres avemarías, y al final se dice:

Representan la devoción de San Chárbel
a la Sagrada Eucaristia.

- Con la cuenta negra se reza un Padrenuestro.
- Con las cuentas azules se deben rezar tres avemarías, y al final se dice:

Representan el amor y la devoción
que San Chárbel tenía a la Virgen.

- Para terminar rece la oración para obtener gracias
especiales.

Dios, infinitamente santo y glorificado
en tus santos, Tú inspiraste a San Charbel
a llevar una vida de unión perfecta con tu Hijo
Jesucristo, según el Evangelio, y a desprenderse
del mundo viviendo con heroísmo las virtudes
monásticas: pobreza, obediencia y castidad,
concédenos, te rogamos, la gracia de amarte
y servirte siguiendo su ejemplo.

Señor, Dios Todopoderoso, Tú que has
manifestado el poder de la intercesión
de San Charbel a través de sus numerosos

milagros y favores, como la conversión,
concédenos hoy la gracia que imploramos
por su poderosa intercesión. Amén.

Novena a San Charbel

En el nombre del Padre, y del Hijo,
y del Espíritu Santo. Amén.

Padrenuestro

Padrenuestro, que estás en los cielos.
Santificado sea tu nombre.
Venga a nosotros tu reino.
Hágase tu voluntad en la Tierra
como en el cielo.
Danos hoy nuestro pan de cada día.
Perdona nuestras ofensas, como nosotros
perdonamos a los que nos ofenden.
No nos dejes caer en la tentación.
Y líbranos del mal. Porque tuyo es el reino,
tuyo el poder y la gloria
por siempre. Amén.

Avemaría

Dios te salve María, llena eres de gracia;
el Señor está contigo, bendita eres entre
todas las mujeres, y bendito
sea el fruto de tu vientre Jesús.

Santa María, Madre de Dios, ruega
por nosotros pecadores, ahora y en la hora
de nuestra muerte. Amén.

Padrenuestro y Avemaría (3 veces) y Gloria.

Acto de Contrición

Señor mío Jesucristo, Dios y hombre
verdadero, me pesa de todo corazón
haber pecado, porque he merecido
el infierno y perdido el cielo, y sobre todo,
porque te ofendí a Ti, que eres tan bueno,
y que tanto me amas y a quien yo quiero amar
sobre todas las cosas. Propongo firmemente,
con tu gracia enmendarme y alejarme de las
ocasiones de pecar, confesarme y cumplir

la penitencia. Confío me perdonarás
por tu infinita misericordia. Amén.

Gloria al Padre, al Hijo, y al Espíritu Santo,
como era en un principio, es ahora y siempre,
y por los siglos de los siglos. Amén.

Oración del perdón
Proemio

Adoración, gloria y acción de gracias
a nuestro amado Salvador Jesucristo,
que concedió a su elegido San Charbel,
celebrar la Eucaristía durante 39 años de vida
sacerdotal, haciendo de ella el centro de su vida,
elevando a Ti a su país, a su Orden,
a la Iglesia Universal y a toda la humanidad.

Al Dios bondadoso a quien se debe
toda gloria y honor en este día, y en todos
los días de nuestra vida, por los siglos
de los siglos. Amén.

Sedro: (Cuerpo de la oración)

¡Oh!, Cristo, Dios nuestro, que llamaste a
San Charbel a vivir el misterio de tu pasión
y muerte en la cruz, y lo elevaste a Ti la
noche del memorial de tu nacimiento
en la Tierra y de su nacimiento contigo en
el cielo, quisiste con esto, Señor, que
hubiera en la Tierra una inmensa semejanza
entre tu vida y la suya, de manera que:

Como Tú, Señor, San Charbel nació humilde
y pobre en Biqa-Kafra, aldea libanesa
parecida a Belén.

Como Tú, vivió del trabajo de sus manos
en su casa y en los conventos
de la Orden Libanesa Maronita.

Como Tú, se retiró a la soledad de la ermita,
como te retiraste al desierto para orar,
ayunar, sufrir las tentaciones y triunfar.

Como Tú, cargó la cruz de la vida ascética
de penitencia, de mortificación y del dolor

del silicio, ofreciendo su vida en la Eucaristía, holocausto agradable al Padre Celestial.

Como Tú, fue bajado del calvario de la vida eremítica y sepultado envuelto en su hábito religioso, en el cementerio del convento de Annaya.

Como Tú, que de tu costado traspasado por La lanza, salió sangre y agua, participó, así, al trasudar su cuerpo sangre y agua, durante 65 años.

Como resplandeció tu sepulcro con la luz de tu gloriosa resurrección, así en su tumba resplandeció una luz milagrosa.

Por tu intercesión, cura muchos enfermos que acuden a su tumba, venidos de todas partes del mundo.

Y como San Pedro proclamó tu resurrección, así tu vicario el papa Paulo VI lo declaró santo de la Iglesia Universal, en presencia de gran cantidad de fieles venidos de todo el mundo.

Por eso, con la fragancia de este incienso
que te presentamos, concédenos, Señor,
rezar la misma oración que San Charbel
repetía todos los días al celebrar la Eucaristía,
como testimonio de su profunda unión contigo:
"Señor, has unido tu divinidad con nuestra
humanidad, y nuestra humanidad con
tu divinidad, tu vida con nuestra vida mortal,
y nuestra vida mortal con tu vida divina.
Tomaste lo nuestro y nos diste lo tuyo,
para vida y salvación de todos".
A Ti sea la gloria por los siglos
de los siglos. Amén.

Oración diaria en honor a San Charbel

Primera forma

Oh, Dios de bondad, de misericordia
y de ternura, me prosterno delante
de Ti y te dirijo desde el fondo de

mi corazón una oración de acción de gracias
por todo lo que me concediste por intercesión
de San Charbel el bienamado.

Estoy muy agradecido, Oh, milagroso
San Charbel. No puedo encontrar las palabras
adecuadas para expresar mi gratitud
por todos tus beneficios. Ayúdame siempre
a ser digno de las gracias de Dios,
y merecer, así, tu protección. Amén.

Oración diaria en honor de San Charbel

Segunda forma

Oh, Dios infinitamente santo y glorificado
por tus santos, Tú que inspiraste al santo monje
y ermitaño Charbel a vivir y a morir en perfecta
semejanza con Jesús, otorgándole la fuerza
de separarse del mundo a fin de hacer triunfar,
en su ermita el heroísmo de las virtudes monásticas:

la pobreza, la obediencia y la castidad,

te imploramos nos concedas la gracia

de amarte y de servirte siguiendo su ejemplo.

¡Oh!, Señor Todopoderoso, que manifiestas

el poder de la intercesión de San Charbel

con numerosas milagros y favores, concédenos

la gracia .... que nosotros

te imploramos por su intercesión. Amén.

(Estas oraciones se repiten durante la novena.)

Primer día

¡Oh!, milagroso San Charbel!, cuyo cuerpo puro

emana el perfume del cielo, ven en mi ayuda

y pide a Dios, el favor y la gracia de la que tengo

necesidad .... Si es para gloria de Dios

y salud de mi alma. Amén.

¡Oh!, San Charbel, ruega por mí.

¡Oh!, Señor, Tú que has dado a San Charbel

la gracia de la fe, yo te ruego me concedas, por

su intercesión, esta gracia divina, para vivir en el

cumplimiento de tus mandamientos

y de tu Evangelio. Gloria a Ti por siempre. Amén.

Padrenuestro, Avemaría y Gloria

Meditación: La vida de San Charbel era tan virtuosa y el fervor de su espíritu tan grande, que todos veían en él un instrumento elegido de la gracia de Dios.

Segundo día

¡Oh!, San Chárbel, ¡Oh!, mártir de la vida
religiosa. Tú que has experimentado el sufrimiento,
el Señor ha hecho de ti un faro luminoso.
Recurro a ti, y pido a Dios por tu intercesión
la gracia (pedir). Confío en ti. Amén.

¡Oh!, San Charbel, ¡Oh!, Vaso de Perfume,
intercede por mí.

¡Oh!, Dios de toda bondad, que has honrado
a San Charbel otorgándole la gracia de hacer
milagros, ten piedad de mí y concédeme
lo que pido por su intercesión.
Gloria a Ti por siempre.

Padrenuestro, Avemaría y Gloria.

Meditación: Toda santidad de San Charbel consiste en el amor a Jesucristo, nuestro Redentor.

Tercer día

¡Oh!, bienamado padre Charbel, tú que brillas
como un astro resplandeciente en el cielo
de la Iglesia, ilumina mi camino y fortifica
mi esperanza. Te pido la gracia de ....
Intercede por mí ante el Señor crucificado,
que tú has adorado continuamente. Amén.

¡Oh!, San Charbel, ejemplo de paciencia
y de silencio, intercede por mí.

¡Oh!, Señor Dios, Tú que has santificado
a San Charbel y le has ayudado a llevar su cruz,
otórgame la valentía de soportar las dificultades
de la vida, con paciencia y abandono a tu santa
voluntad, por intercesión de San Charbel,
a Ti sea la gracia por siempre. Amén.

Padrenuestro, Avemaría y Gloria.

Meditación: San Charbel, cuyo espíritu fue admirablemente iluminado por el resplandor de la Eucaristía, iluminó a su vez, con su fe, a toda la Iglesia.

Cuarto día

¡Oh!, afectuoso padre San Charbel,
recurro a ti con toda la confianza de mi corazón
para que por tu poderosa intercesión delante
de Dios, me concedas la gracia que te pido …….
muéstrame tu afecto una vez más.

¡Oh!, San Chárbel, jardín de virtudes,
intercede por mí.

¡Oh!, Dios, Tú que has otorgado a San Charbel
la gracia de parecerse a Ti, otórgame por su ayuda,
el crecer en las virtudes cristianas. Ten piedad
de mí, para que pueda alabarte por siempre. Amén.

Padrenuestro, Avemaría y Gloria.

Meditación: Dios llamó a San Charbel a apartarse del mundo por amor suyo y a consagrarse sólo a Él, en la austeridad y en la penitencia, y a gozar de todas las delicias divinas.

Quinto día

¡Oh!, San Charbel, bienamado de Dios, ilumíname, ayúdame, enséñame qué hacer para agradar a Dios, apresúrate a venir en mi ayuda, ¡Oh!, padre afectuoso; te ruego pidas a Dios la gracia.......

¡Oh!, San Charbel, amigo del Crucificado, intercede por mí.

¡Oh!, Dios, escucha mi petición por intercesión de San Charbel. Salva mi pobre corazón y dame la paz. Calma las tribulaciones de mi alma: a Ti la alabanza por siempre. Amén.

Padrenuestro, Avemaría y Gloria.

Meditación: San Charbel, pobre y humilde en la Tierra, entra colmado de riquezas en el cielo, y en su honor se elevan plegarias e himnos celestiales.

Sexto día

¡Oh!, San Charbel, intercesor poderoso,
te pido me otorgues la gracia, de la que tengo
necesidad……. Una sola palabra tuya a Jesús,
es suficiente para que Él me perdone, tenga
piedad de mí, y responda a mi petición. Amén.

¡Oh!, San Charbel, alegría del cielo y de la Tierra,
intercede por mí.

¡Oh!, Dios que escogiste a San Charbel para
implorar nuestra causa delante de tu divino poder,
otórgame por su intercesión, esta gracia (pedir), para
glorificarte con él, por siempre. Amén.

Padrenuestro, Avemaría y Gloria.

Meditación: San Charbel buscaba la perfección del amor en el voto de la pobreza que era la riqueza de su vida.

Séptimo día

¡Oh!, San Charbel, bienamado de todos,
y ayuda de los necesitados, tengo la firme
esperanza de que por tu intercesión delante
de Dios, me otorgues la gracia de la que tengo
tanta necesidad ……. Amén.

¡Oh!, San Charbel, astro que guías a extraviados,
intercede por mí.

¡Oh! Dios, mis múltiples pecados, impiden
que tu gracia llegue a mí. Otórgame la gracia
de la penitencia. Respóndeme por la intercesión
de San Charbel. Trae la alegría a mi triste corazón,
atendiendo a mi petición. Tú, océano de todas
las gracias. A Ti gloria y alabanza
por siempre. Amén.

Padrenuestro, Avemaría y Gloria.

Meditación: Dios llamó a San Charbel a vivir con Él
en la soledad, en la oración, en la contemplación,
y en el silencio.

Octavo día

¡Oh!, San Charbel, cuando te veo de rodillas
sobre un plato de cañas, o ayunando,
o mortificándote, o en éxtasis delante del Señor,
aumentan mi esperanza y mi fe. Te ruego
que me ayudes, para que el Señor me otorgue
la gracia que le solicito ....

¡Oh!, San Charbel, embriagado de Dios,
intercede por mí.

¡Oh!, dulce Jesús, que has elevado a tu bienamado
Charbel a la perfección evangélica, te suplico
me otorgues la gracia de terminar mi vida según
tu voluntad. Te amo, ¡oh!, Dios, mi Salvador. Amén.

Padrenuestro, Avemaría y Gloria.

Meditación: San Charbel brilló por su ejemplo: una vida loable y recta. Como luz del mundo iluminó a todos con el resplandor de su conducta y con el fulgor de su santidad.

Noveno día

¡Oh!, padre San Charbel, aquí estoy al final
de esta novena. Mi corazón se regocija mientras
te hablo. Tengo plena confianza en que obtendré
de Jesús ……. que he pedido por tu intercesión.
Me arrepiento de mis pecados y prometo
no caer más. Te pido obtener la realización
de lo que he pedido por mi oración.

¡Oh!, San Charbel, corona de gloria,
intercede por mí.

Señor, Tú que escuchas la oración de San Charbel,
y que le has otorgado la gracia de unirse a Ti,
ten piedad en mi desamparo, sálvame de todas
las desgracias que no puedo soportar. A Ti la gloria,
la alabanza, y la acción de gracias por siempre.
Amén.

Padrenuestro, Avemaría y Gloria

Meditación: Toda la vida de San Charbel fue un reflejo
de las excelsas virtudes de la Santísima Virgen María.
Tengan devoción a la Virgen, pues ella garantiza nuestra
salvación.

Septenario a San Charbel[48]

Consiste en rezar durante 7 martes al Padre,
por intercesión de San Charbel. El último martes
debe visitarse el santuario del santo
y ahí rezar el último martes del septenario.

Gloria al Padre, al Hijo y al Espíritu Santo. Amén.

Oración del perdón

Gloria, adoración y acción de gracias al Padre
amoroso que se apiadó de nuestra debilidad
y por su plan salvífico nos rescató, el Todopoderoso
tenga piedad por nuestros pecados
para que le demos gracias hoy y siempre. Amén.

Oración del incienso

Acepta, Señor, este incienso que quemamos
en tu honor y con él suban nuestras oraciones

---

[48] R.P. Rogelio Peralta Gómez, *San Charbel, amigo de Dios. Vida, devociones y sacramentales*, México, 2009, pp. 67-73.

y súplicas, pues en ti está nuestra fe y esperanza.
Por eso te glorificamos a Ti, a tu Padre
y a tu Espíritu Santo. Amén.

Trisagio

Santo eres Tú, Señor, que condujiste
a San Charbel a la cumbre de la montaña
para rebelarle tu ser.

Señor ten piedad de mí

Santo eres Tú, Dios fuerte, que embriagaste
a San Charbel con tu ejemplo de inmolación
y la locura de la cruz.

Señor ten piedad de mí

Santo eres tú, Dios inmortal que adornaste
al santo ermitaño con eminentes virtudes,
y concediste la maravilla de los signos de vida
a sus restos mortales, convirtiéndolo en bálsamo
para las enfermedades del cuerpo y del alma.
Señor ten piedad de mí.

(Haga aquí su petición.)

Rezar Padrenuestro, Avemaría y Gloria.

Fetghomo: San Charbel, fiel amigo de Dios,
ruega por nosotros.

Oración de cada martes.

Primer martes
(Para pedir la virtud de la humildad.)

¡Oh, glorioso San Charbel, protector mío!,
que viviendo en la Tierra fuiste un gran practicante
de la humildad, tú que tuviste por despreciable
todas las riquezas de este mundo y no pretendiste
riqueza alguna más que poseer al Señor, alcánzame
con tus ruegos esta bella virtud. Bien sabes tú cuán
altanero soy en mis pensamientos, cuán dañoso
en mis palabras, cuán ambicioso en mis obras;
por eso, ayúdame a ser humilde de corazón, que
mi alma quede libre de toda soberbia. Que mi único
deseo sea ser grande sólo a los ojos de Dios. Amén.

Segundo martes
(Para pedir el amor de Dios.)

¡Oh, Charbel, víctima de amor divino!,
tú que viviste una vida orientada siempre por
el gran amor a Dios, expresada como una llama
alta y constante que ardía dentro de ti y siempre
tendía al Amor Sublime, en un coloquio profundo
con las Sagradas Escrituras, en una contemplación
constante con la Eucaristía y en una gran devoción
mariana. Tu amor luminoso al Padre se destellaba
a los hombres. Has que aprenda de ti en no amar
otra cosa que a Dios, que por lo menos desde
hoy comience a amarlo. Obténme un amor eficaz
que se haga conocer por las obras, un amor
puro sin falsos intereses, fuerte que me haga
vencer todos los obstáculos que me aparten
de Dios y de mi prójimo. Amén.

Tercer martes

(Para pedir el desprendimiento de los bienes temporales.)

Gran santo Charbel, que preferiste una vida pobre y austera para asemejarte a Nuestro Señor Jesucristo, tú que hiciste un generoso desprendimiento del mundo y de los tuyos, alcánzame la gracia de que mi corazón no se apegue a los bienes transitorios de esta vida. Tú que viviste verdaderamente como el más pobre de los pobres, tanto en tu ropa, comida y celda, alcánzame de Dios el amor a la pobreza, para que consagre todos mis pensamientos a los bienes eternos. Haz que no busque honor alguno entre los hombres, sino honrar a Dios con mis pensamientos y obras. Amén.

Cuarto martes

(Para pedir la virtud de la paciencia.)

¡Oh, santo protector mío Charbel!,
que tuviste siempre un corazón tan constante
en las adversidades y en espíritu tan amante de sufrir,
mostrando gran paciencia en la abnegación,
la penitencia y la ascesis, todo lo viviste con
fortaleza en todas las adversidades de esta vida.
Tú sabes cuánto necesito la virtud de la paciencia
en mi trabajo, en las aflicciones, en las enfermedades,
en los problemas, en los sufrimientos, haz que
reconozcan en ellos el valor de la purificación
para que abrace gustoso las cruces de mi camino
con paciencia y voluntad como tú que seguiste
el ejemplo del Divino Maestro. Amén.

Quinto martes

(Para pedir la virtud de la castidad.)

¡Oh, gran atleta de Cristo, Charbel!, que conservaste
siempre puro el blanco lirio de la castidad,

con tal alto honor, que el candor de esta
virtud se manifestaba en tu oblación total
al Padre, en el trato fraterno a los hombres;
consígueme del Espíritu Santo un verdadero
amor a tan bella virtud, de modo que ni
las palabras, ni los ejemplos de personas
corrompidas puedan imprimirse en mi persona.
Que siempre me mantenga fiel a mi estado
de vida y me mantenga puro de toda
corrupción. Amén.

Sexto martes
(Para pedir la virtud de la obediencia.)

Admirable ermitaño que sacrificaste
la única riqueza que poseías: tu libertad.
Tú que con gran alegría modificabas tu voluntad
por la de Cristo, expresada en tus superiores.

Ayúdanos a que nuestra vida transcurra
en obediencia a la voluntad del Padre.

Tu gran alma generosa, que mediante
la obediencia expresaba un continuo
mejorar, haga que nuestra obediencia
sobrepase la obligación.

Tú que siempre obedeciste con alegría
y rápidamente, alcánzanos la virtud de
la obediencia a la Palabra de Dios y ofrecer
no sólo lo que tenemos sino lo que somos. Amén.

Séptimo martes
(Para pedir una buena muerte.)

¡Oh, glorioso San Charbel!, que fuiste
tan favorecido por Dios para llevar una vida
semejante a la de su unigénito Jesucristo hasta
en su muerte, sé mi abogado cuando me encuentre
en aquel terrible trance, haz que no me venza
el demonio, no me opriman las tentaciones
y el temor no me desaliente, sino que por el
contrario, fortificado con una fe viva, una esperanza
firme y una verdadera caridad, sostenga con
paciencia aquel último combate, con lo que

lleno de confianza en la misericordia del Señor,

y por los méritos de Jesucristo y la protección

de la Santísima Virgen María, sea digno

de morir con la muerte de los justos y junto

contigo, los ángeles y los santos, dar gloria,

alabanza y acción de gracias a la Santísima

Trinidad por siempre. Amén.

Iglesias donde se venera a San Charbel

Distrito Federal

Catedral Maronita de México y Santuario de San Charbel (Nuestra Señora de Balvanera). Sede de la Eparquía Maronita en México, República de Uruguay esquina con Correo Mayor, Col. Centro Histórico.

Catedral Metropolitana. Sede de la Arquidiócesis de México, Plaza de la Constitución, Col. Centro.

Basílica de Guadalupe, La Villa (antigua). Del. Gustavo A. Madero.

Parroquia Medalla Milagrosa. Matías Romero e Ixcateopan núm. 78, Col. Vértiz Narvarte.

Parroquia del Perpetuo Socorro. Lomas Virreyes y Prado Sur, Col. Prado Lomas.

Parroquia de San Agustín. Horacio núm. 921, esquina con Musset, Col. Polanco.

Parroquia de Santa Teresita del Niño Jesús. Sierra Nevada núm. 760, Col. Lomas de Chapultepec. Tel. 52 59-01-32.

Parroquia de la Inmaculada Concepción. Aries núm. 14 y Calz. Ermita Ixtapalapa, Col. Prado Churubusco.

Parroquia de Nuestra Señora de Guadalupe. Manuel M. Ponce núm. 216, Col. Guadalupe Inn.

Parroquia de San Jorge Mártir. Avenida 606 esquina Avenida 601, Col. San Juan de Aragón 3ª y 5ª Secc.

Parroquia Nuestra Señora del Perpetuo Socorro. Hernández y Dávalos núm. 75, Col. Algarín.

Parroquia Cristo Rey y Santa Mónica. Leibnitz núm. 50, Col. Anzures.

Iglesia de Nuestra Señora del Líbano. Sede de la Orden Libanesa Maronita en México, Casa San Charbel, Manzano núm. 31, Col. Florida.

Iglesia de San José de la Montaña. Palmas núm. 1805, Col. Lomas de Chapultepec.

Iglesia del Señor del Buen Despacho. Tlacoquemecatl s/n, Col. Del Valle.

Iglesia de San Sebastián Mártir de Chimalistac. Plaza Federico Gamboa s/n, Col. Chimalistac.

Templo de Nuestra Señora de Guadalupe. Viena núm. 124, Col. Del Carmen Coyoacán.

Iglesia Nuestra Señora de la Esperanza. Alborada núm. 430, Esquina Zacatépetl, Col. Parques de Pedregal.

Iglesia de Nuestra Señora de Covadonga. Sierra Gamón núm. 210, Col. Lomas de Chapultepec.

Iglesia de Santa Rita de Casia. Javier Sorrondo núm. 324, Col. Villa de Cortés.

Iglesia de Nuestra Señora de la Consolación. Toledo núm. 59, Col. Álamos.

Iglesia de San Antonio María Claret. Av. Cuauhtémoc núm. 939, esquina Eugenia, Col. Narvarte.

Iglesia de la Votiva. Av. Reforma, Col. Chapultepec.

Iglesia del Carmen. Av. Pensilvania, Col. San Ángel.

Iglesia de San Agustín de las Cuevas. Plaza de la Constitución núm. 2, Col. Tlalpan.

Iglesia Nuestra Señora de Guadalupe de los Hospitales. Av. Niños Héroes esquina Dr. Balmis, Col. Doctores.

Iglesia de San Juan de Dios "San Antonio". Av. Hidalgo (atrás de Bellas Artes).

Rectoría de Nuestra Señora del Buen Consejo y Preciosa Sangre. Homero y Newton, núm. 210, Col. Chapultepec Morales.

Estado de México

Parroquia San Fernando. Arquidiócesis de Tlanepant-la. Avenida Jiménez Cantú y Valle Escondido.

Parroquia Redemptoris Mater. Circuito Fundadores, Ciudad Satélite, Naucalpan de Juárez.

Parroquia de San Miguel Arcángel. Col. Centro, Temascalcingo.

La Santa Veracruz. Portal 20 de Noviembre núm. 113, Col. Centro, Toluca.

Iglesia de San Felipe de Jesús. Acualco Zaragoza.

Santa Iglesia Catedral. Independencia s/n. Col. Centro, Toluca.

Baja California

Iglesia de Nuestra Señora de San Juan de los Lagos. 20 de Noviembre, Tijuana, Baja California, Mexicali.

Baja California Sur

Ermita San Charbel. Convento Madres Adoratrices, Km 4, Carretera al Norte, La Paz.

Chihuahua

Parroquia de la Asunción de María. Nogal y José Martí, Col. Granjas.

Capilla de San José del Buen Consejo. Casa Hogar de Niñas de Chihuahua, A.C. de las Hermanas Josefinas.

Iglesia de San Lorenzo. Av. San Lorenzo y Valle de Juárez, Col. San Lorenzo, Ciudad Juárez.

El Señor de la Misericordia. Av. Valentín Fuentes y Simona Barra, Ciudad Juárez.

Colima

Iglesia de San Rafael Arcángel. Venustiano Carranza núm. 701.

Durango

Iglesia de la Sagrada Familia (conocida como Santa Ana). Constitución esquina Gabino Barrera, Col. Centro.

Templo de María Auxiliadora. Av. General Tornel núm.108, Col Juan de la Barrera.

Guanajuato

Iglesia de San Juan de los Lagos. Col. Jardines del Moral, León.

Hidalgo

Parroquia de la Asunción y del Sagrado Corazón. Reforma entre Lauro L. Méndez e Hidalgo, frente al jardín municipal de Apan.

Iglesia San Nicolás de Tolentino. Lerdo de Tejada s/n, Col. Centro, Actopan.

Iglesia del Divino Salvador. Diócesis de Tula, A.R, Av. 16 de Enero de 1869, núm. 1, Col. Centro, San Salvador.

Templo de San Miguel Arcángel. Zona Centro núm. 1, Col. Centro, San Miguel Acambay, municipio de San Salvador.

Michoacán

Parroquia Santuario de Nuestra Señora de Guadalupe. La Piedad, Michoacán.

Iglesia de San Agustín. Corregidora esquina García Obeso, Col. Centro, Morelia.

Morelos

Iglesia del Club de Golf Tabachines. Km. 93.5 autopista México-Acapulco, Col. Acapontzingo, Cuernavaca.

Jalisco

Parroquia El Calvario. Sol 2615 y Av. De los Arcos, Col. Jardines del Bosque, Guadalajara.

Iglesia de Santa Rita de Casia. Avenida Guadalupe y Santa Rita, Col. Chapalita, Zapopan.

Oaxaca

Catedral de Oaxaca. Plaza de la Constitución, Col. Centro Histórico.

Puebla

Iglesia de Nuestra Señora del Líbano. Avenida Hermanos Serdán núm. 222, Col. Real del Monte.

Quintana Roo

Iglesia Cristo Resucitado. Zona Hotelera, Cancún.

Iglesia San Pedro y San Pablo. Avenida López Mateos, Chetumal.

Tamaulipas

Catedral de Nuestra Señora del Refugio. Calle 5ta., Col. Centro, Matamoros.

Tlaxcala

Catedral de Nuestra Señora de la Asunción. Calz. de San Francisco s/n, Ciudad de Tlaxcala.

Sinaloa

Parroquia del Espíritu Santo. Rafael Buelna y Xicotencalt, Col. Las Quintas, Culiacán.

Veracruz

Catedral de Veracruz. Mario Molina 173, Col. Centro.

Iglesia de San Pedro y San Pablo. Boulevard del Mar y Boulevard Costa de Oro, Fraccionamiento Costa de Oro, Boca del Río.

Yucatán

Capilla de Nuestra Señora del Líbano. Calle 1G núm. 163, Col. México Norte, Mérida.

Otros países

Santuario Nacional Nossa Senhora Aparecida. Av. Dr. Júlio Prestes s/n, Bairro Ponte Alta, Aparecida, Brasil.

Our Lady of Cedars. Bellfort Village Drive, Houston, Texas, Estados Unidos.

St. Ephrem Maronite Church. 750 Medford St., El Cajón, California.

Esta edición se imprimió en septiembre de 2011,
en Acabados Editoriales Tauro, S.A. de C.V.
Margarita No. 84, Col. Los Ángeles,
Deleg. Iztapalapa, C.P. 09360, México, D.F.